산책하며 나눈
세상 이야기

이 형 철 지음

북스힐

머리말

 붉게 물든 저녁노을을 한가로이 바라보며 여유로운 시간을 보낸 기억이 가물가물하다면 삶을 잘못 살고 있다는 말을 들은 적이 있다. 신승호 시인의 「사색의 창을 열면서」의 마지막 구절인

"노을에 젖어서 붉어지는 마음
비우라는 말을 삼키는 하루가
서산을 건너와 말을 건넨다."

를 곱씹어 본다. 삶의 깊이를 더하기 위해 사색의 향기가 필요하다고 장황설(張皇說)을 늘어놓지 않더라도 생의 한가운데에서 가벼운 쉼표 하나를 찍고 가는 넉넉함이 그립다.
 산책은 사색을 위한 더없이 좋은 기회다. 칸트는 걸을 때는 반드시 입을 닫고 코로만 숨을 쉬었다고 한다. 그는 친구와 함께 걸으면 입을 열 수밖에 없기에 혼자 산책하는 걸 고집했다. 필자도 점심 식사 후 학교 교정을 가로지르는 백양로를 따라 걷기를 좋아한다. 사색의 깊이가 모자라는 탓에 혼자 산책하는 것보다 동료들과 어울려 함께 걸으며

이야기를 나누는 것을 좋아한다.

지난 20여 년간 교수로 생활하면서 이런저런 이야기를 많이도 늘어놓았다. 시간이 지나고 보니 주위 담기에도 부끄러운 치기 어린 발언과 다소 황당한 주장을 할 때도 있었다. 하지만 고맙게도 가까운 동료들이 그동안 횡설수설 읊고 다녔던 이야기들을 모아 책자로 만들어 보라고 권해주었다. 귀가 얇은 탓을 핑계로 용기를 내어 컴퓨터에 저장된 원고들을 정리해 보니 깊이의 부족함을 느낄 수밖에 없었다. 주제도 하나로 모여지지 않고 완성도가 떨어지는 소고들이 대부분이었다. 비록 못난 글들이지만 원고를 작성할 당시 고민의 색깔을 그대로 보존하기 위해 교정은 오타를 수정하는 정도로 한정했다. 그 탓에 그리 좋은 글도 아니고 새겨들을 만한 내용도 담아내지 못한 듯하다. 기록은 어떤 정보를 갈무리하여 특정 신호로 바꾼 후, 어떤 매체에 남기는 것 또는 후일에 남길 목적으로 어떤 사실을 적는 행위라고 할 수 있다. 기억을 형상화하는 작업인 기록이 소중한 이유는 기록이 후일의 기억을 지배하기 때문일 것이다. 필자의 졸고를 평범한 교수로 살면서 고민했던 흔적을 스스로 되새김질하기 위한 노력으로, 그리고 소중했던 순간을 기록하려는 시도로 이해하시길 부탁드린다.

제1부는 '과학의 창으로 바라본 세상 이야기'다. 자연과학자 특히 물리학자의 세계관으로 세상을 바라본 단상으로 구성하였다. 인공지능과 불평등, 진리와 시간, 그리고 과학과 인간 등과 같은 서로 어울리지 않는 소재들을 옴니버스 형식으로 버무려서 풀어낸 이야기들이다. 공연히 참견하며 세상을 향해 전하고 싶은 이야기들은 제2부에 모아두었다. 「지식인이란 자신과 무관한 일에 쓸데없이 참견하는 사람」이라고 역설한 「장 폴 사르트르」를 기억하며 참견하는 교수로서 세상을 향해 말하고 싶었던 이야기를 담은 소고들이다. 인권침해를 받는 외국인

노동자의 현실 그리고 최근 경북대학교 주변에 일어난 무슬림 사원 건축 관련 갈등을 목도하면서 필자가 80년대 독일에서 유학 시절 느끼고 겪었던 기억을 반추하였다. 성주 사드 배치와 국정교과서 논란의 한가운데에서 혼란한 머리를 정리하기 위해 남겨두었던 메모도 찾아냈다. 제3장에서는 기회가 있을 때마다 교수로서 대학이 '대학답기'를 바라는 마음을 담아 긁적였던 원고들을 정리했다. 국립대학 법인화 추진, 성과급적 연봉제실시, 총장 공백 사태와 같은 국립대학이, 특히 경북대학교가 겪었던 아픔의 순간들을 나름의 방법으로 이겨내기 위한 몸부림의 흔적들이다. 마지막으로 제4장에는 경북대학교 교수회의장과 전국국공립대학교교수회연합회 상임회장을 역임하면서 공식적으로 남긴 글들을 모아 놓았다. 부록에는 '대학의 길을 물으면서 대안을 강구'하는 노력으로 발표한 논문도 실었다. 자연과학자인 필자가 주제 넘게 '국가균형발전과 지방대학 육성 – 국립대학 육성 방안 –'이라는 제목의 논문을 발표하였다. 그때의 마음을 가라앉히고 다시 열어보고서 학문적 외도를 뛰어넘는 치기 어림을 두려워하며 몸을 낮춘다.

「대학의 위기, 다시 대학다워질 수 있는가?」에서 「대학이 스스로 대학의 가치에 대해 되돌아보고 대학다운 대학으로 거듭나기 위해 노력해야 한다.」라고 주장하였다. 우리나라 대학은 2030년 이후에 닥칠 또 한 차례의 학령인구 감소의 위기를 넘어야 한다. 대학이 대학다움을 잃지 않을 때 위기가 기회로 다가올 수 있을 것이다. 올해 대학에 진학한 신입생들은 이미 12년 전 초등학교, 6년 전 중학교 그리고 3년 전 고등학교에 입학했던 학생들이다. 학령인구 감소가 대학의 위기를 몰고 왔다고들 하는데 '왜 12년 전 초등학교의 위기, 6년 전 중학교의 위기, 그리고 3년 전 고등학교의 위기를 이야기하지 않았을까?' 학령인구의 감소가 왜 유별나게 고등교육의 위기로만 이야기해야 하는지에 대한 근본적인 출발점을 다시 살펴본다면 그 속에서 고등교육 위기 극복 방안에 대한 하나의 답이 강구될 수 있을 것이다.

글쓰기가 전공이 아닌 물리학도가 쓴 졸고를 기꺼이 발간해 주시는 북스힐 조승식 사장님께 감사의 인사를 전한다. 마지막으로 원고 편집과 발간에 이르기까지 물심양면 도와준 동료 교수들과 연구자들 그리고 사랑하는 가족에게 이 책을 바친다.

2023년 12월
산격동 연구실에서

저자 이형철

차 례

제1부 과학의 창으로 바라본 세상 이야기

01	찬바람이 부는 겨울이 오면	3
02	자율주행자동차가 우리에게 던지는 질문	7
03	에덴동산의 '선악과는 바둑'이었을 것이다.	11
04	불평등의 사회를 바꾸자!	17
05	과학은 진리를 추구하는가?	21
06	과학기술과 미래 그리고 인간	27
07	보즈-아인슈타인 응축(Bose-Einstein condensate)	33
08	아인슈타인 어깨너머 베토벤 바라보기	41
09	우리나라 교육의 현주소	47
10	호모 아바리찌아(Homo avaritia)	51
11	기억의 화살	55

제2부 공연히 참견하며 세상을 향해 전하는 이야기

12	다름을 인정하는 사회를 꿈꾸며	61
13	스테판 에셀의 「분노하라 INDIGNEZ VOUS!」를 다시 읽었다.	65

14	다양성의 시대, 교수다움이라?	67
15	"공감, 연대 그리고 참여!"	71
16	여정남 열사 추모사	75
17	대구예술대학교 故 한덕환 교수를 추모하며	79
18	성주 사드 배치와 관련하여	83
19	역사교과서 국정화 논란에서 우리의 민낯을 본다.	85

제3부 대학다움을 바라며 풀어낸 대학 이야기

20	실패한 국립대학 교원의 성과급적 연봉제를 폐지하여야 한다!	91
21	국립대학교 총장선출 방식 개선 방향	97
22	반드시 바꾸어야 할 몇 가지 대학교육 정책	103
23	대학의 위기, 다시 대학다워질 수 있는가?	107
24	고등교육·학문 생태계의 위기 극복 방안을 위한 국회토론회	109
25	개교 69주년을 축하하며 본교를 돌아보다	111
26	원칙 없는 경북대학교, 길을 잃다	115
27	신의 한 '꼼'수로 오해 받지 않길...	121
28	공개서한	127
29	경북대학교 교수회 평의원님께 드리는 글	131
30	이 교수님께 드리는 서한	135

제4부 경북대 제22대 교수회의장으로 하고 싶었던 이야기

31	제22대 경북대학교 교수회의장 선거 연설문	141
32	제22대 경북대학교 교수회의장 취임사	147
33	신임교수 환영회 인사말	153
34	제22대 교수회 정기총회 인사말(제22대 교수회를 마치며...)	157
35	IT 대학 융복합공학관 준공식 기념사	161

36	인문학술진흥관 준공식 기념사	165
37	정년퇴임 교수 환송회 인사말	169
38	제18대 경북대학교 총장 중간평가 발간사	173
39	제22대 교수회 백서 발간사	177
40	교수신문의 창간 기념사	181
41	'한국 국립대학의 길을 묻는다'의 서문	183

부록 국립대학 육성 방안 관련 논문 191
「지역사회연구」 제29권 2호 2021.6 : 57~85

제1부

과학의 창으로 바라본 세상 이야기

당신이 알고 있는 것을
당신의 할머니가 이해할 수 있도록 설명하지 못한다면,
당신은 그것을 진정으로 이해한 것이 아닙니다.

알버트 아인슈타인

01

찬바람이 부는 겨울이 오면

 어느새 아침저녁으로 선선한 바람이 불고 단풍나무들도 형형색색의 옷으로 갈아입을 채비를 서두르고 있다. 단풍을 물들이고 나뭇잎을 대자연으로 돌려보내는 것은 나무들의 겨울맞이다.
 우리가 잘 알고 있는 바와 같이 온도가 올라가면 물질의 부피는 팽창한다. 온도가 상승하면 열에너지도 커져 분자들의 운동이 활발해지는데, 분자들은 평형점을 기준으로 서로 가까워지는 방향보다 서로 멀어지는 방향으로 더 먼 거리까지 왕복 운동하기 때문에 열팽창이 일어난다. 일상생활에서 열팽창 현상은 중요한 역할을 한다. 예를 들면 반복적인 기온의 변화로 인한 크기 변화를 보정하기 위해 도시가스 배관을 'ㄷ'자 모양의 구부러진 형태로 설치하고, 철길과 다리와 같은 구조물에 열팽창 이음매를 추가한다.
 대부분의 물질처럼 물도 섭씨 4℃까지는 온도가 내려갈 때 부피가 줄어들지만 4℃ 아래에서는 부피가 다시 커지는 특이한 성질을 가지고 있다. 그래서 얼음이 얼면 부피가 팽창하고 그래서 물병이 터진다. 이와 같은 물의 예외적인 열팽창 특성은 생물 다양성의 보존에 기여한다. 겨울에 찬바람이 불면 호수 표면의 물도 차가워진다. 온도가 내려간 물의 부피는 점차 수축되고 밀도가 높아지기 때문에 상대적으로 무거워지면서 호수바닥으로 가라앉는다. 기온이 더 내려가 섭씨 4℃ 이하가 되면 호수 표면의 물은 팽창하기 시작해 밀도가 낮아져 상대적으로 가벼워지기 때문에 표면으로 떠오르려는 경향을 보인다. 이렇게 되면 수면의 수온이 가장 낮아지고, 계속해서 기온이 영하로 내려가면 호수 표면에서부터 얼음이 얼기 시작한다. 만약 물이 다른 대부분의 물질처럼 4℃ 이하에서도 계속 수축한다면, 호수는 바닥부터 얼기 시작해 마침내 호수 전체가 꽁꽁 얼어붙게 된다. 그렇게 되면 물고기와 수초들은 꼼짝없이 얼음에 갇히는 신세가 되어 겨울 동안 모두 동사할 것이다. 또한 물은 상온에서 암모니아를 제외한 어떤 다른 액체들보다 큰 열용량을 가지고 있어, 지구 생태계를 보존하는데 결정적인 역할을 한다. '열용량'이란 열을 보관할 수 있는 능력으로 이해하면 되는데, 열용량이

그림 1 남극의 혹독한 추위를 견뎌내기 위해 무리를 지어있는 황제 펭귄

크면 같은 양의 열을 흡수해도 온도의 변화는 작다. 큰 용량의 물통에 물을 채워 넣으면 물의 높이가 크게 바뀌지 않는 것과 같은 이치이다. 지구에는 바다와 호수에 많은 양의 물이 존재한다. 여름 동안에는 물의 온도가 많이 상승하지 않고, 겨울에는 물이 저장하고 있던 열을 방출하여 지구의 온도가 극심하게 변하는 것을 막아준다. 그래서 다른 행성에 비해 지구의 기온변화는 작다. 물이 없다면 여름에는 폭염이, 그리고 겨울에는 혹한이 덮쳐 지구 환경은 고등 생명체가 살기에 부적합해진다. 이처럼 물의 차별화된 특성이 즉 다름이 더해질 때 지구는 우리가 살아갈 수 있는 푸른 행성으로 변한다.

펭귄들은 남극의 칼바람을 버텨내기 위해 둥글게 무리를 형성한다. 펭귄들이 무리를 이루는 것은 표면적을 줄여 열손실을 최대화하려는 의도이다. 무리 가장자리에 있는 펭귄들은 어쩔 수 없이 찬바람에 노출되지만 그 덕분에 무리 가운데 있는 다른 펭귄들은 한결 수월하게 추위를 견뎌낼 수 있다. 재미있는 사실은 어느 정도 시간이 경과하면 가장자리에서 온몸으로 칼바람을 막아내던 펭귄들과 무리 가운데서 체력을 비축한 펭귄들이 서로 자리를 바꾼다는 점이다. 만약 펭귄들이 이런 자리바꿈을 하지 않는다면 가장자리의 펭귄들은 추위를 견디지 못해 죽음을 면치 못할 것이다. 결국 가장자리의 펭귄들이 희생되고 나면 다음 펭귄들이 또 가장자리를 차지하게 되어 희생되고, 마침내 펭귄 무리 전체는 겨울을 버텨낼 수 없게 된다. 펭귄들은 공동체를 위해 자신을 추위에 내맡기지만 공동체 또한 추위를 막아낸 펭귄을 따뜻하게 보호하면서 혹독한 추위를 이겨내는 지혜를 발휘한다.

우리 사회에도 찬바람이 불고 있다. 물의 예외적인 비열과 열팽창 특성이 지구 생태계 보전에 필수 불가결한 요소인 것처럼, 나와 다름을 포용하고 존중하는 풍토가 자리 잡혀야 우리 사회는 건강을 유지할 수 있다. 비정규직이 우리 공동체의 가장자리에서 제일 먼저 삭풍에 스러지고 있다. 귀족노조 운운하면서 다음 차례인 정규직 노동자들이 가장자리로 내몰리고 희생을 강요당하고 있다. 무리 중앙에서 따뜻함을 즐기는 기득권은 "자리바꿈"이란 지혜를 애써 무시하고 찬바람에 노출되는 이들의 고통을 도외시하고 있다. 이리되면 공동체는 무너진다. 청년실업 문제도 마찬가지다. 청년은 우리의 미래이다. 사회가 청년들의 울부짖음에 귀 기울이지 않으면 우리의 미래는 없다. 대통령이 제안한 청년희망펀드는 문제의 본질을 호도한다. 청년실업, 빈곤, 자살, 양극화, 인간성 실종 등 우리 사회에 산적한 문제들은 자리바꿈을 제도화하여 해결할 수 있음을 겸허한 자세로 자연에서 배워야 한다.

〈2015년 경대신문 과학 칼럼〉

02
자율주행자동차가 우리에게 던지는 질문

    1970년대 초 어린 시절 필자는 시골길을 걷다가 '미래 언젠가 자동으로 움직이는 길을 만들 수 있다면 가만히 서 있기만 해도 목적지에 도착할 수 있을 텐데'라는 상상에 빠지곤 했다. 자동으로 움직이는 계단과 길은 에스컬레이터와 오토워크라는 이름으로 일상에 깊숙이 들어와 있다. 꿈꾸던 공상이 우리의 삶을 바꾸어 놓고 있는데도 아무런 감동도 느끼지 못한 채 당연히 받아들이고 있다.

    1980년대 방영되었던 미국 TV드라마 '전격제트작전'에는 스스로 운전을 하고 주인공과 대화도 나눌 수 있는 자동차인 '키트'가 등장했다. 당시에는 꿈의 기술이라고 여겼다. 그런데 자율주행자동차는 언제부턴가 더 이상 상상 속에서 머물고 있지 않고 성큼 다가와 현실이 되려고 한다.

    자율주행자동차 관련 문제점들을 되짚어 보기로 하자. 우선 윤리적 문제를 꼽을 수 있다. "자율주행자동차가 누군가를 죽이도록 설계되어야 하는 이유"라는 제목의 논문은 사고를 피해 나갈 수 없는 세 가지 상황을 상정하고 '자율주행자동차는 어떤 선택을 해야 할 것인가?'라고 묻는다. 그중에 답하기 가장 고약한 질문은 '보행자의 목숨과 운전자의 목숨 중에서 양자택일을 해야 하는 상황이 발생하면, 자율주행자동차가 어떤 선택을 하도록 프로그램을 해야 하느냐?'이다. 해답을 내놓기 힘들다. 타인인 보행자의 목숨을 보호하는 이타적인 결정을 하도록 프로그램을 한다면, 구매자는 극단적인 상황에서 자신의 목숨을 버리도록 운전하는 자동차를 사게 되는 셈이 된다. 그 반대의 경우에는 보행자의 목숨을 희생하도록 프로그램 된 자동차는 주어진 상황에서 보행자의 목숨을 노리는 무기로 돌변하므로, 살인 병기들이 도로를 누비고 다니는 것을 용인해야 할지 고민스럽다. 이 질문에 대한 사회적 합의를 도출하는 것은 쉬워 보이지 않는다. 이런 딜레마들이 자율주행자동차의 상용화에 큰 걸림돌이라고 하지만, 조심스레 예견하면 문제의 핵심을 얼버무리며 자율주행자동차의 도입을 추진하게 될 것이다. '자율주행자동차는 자동차 사고를 획기적으로 줄어들게 만들고 교통사

그림 2 자율주행자동차. 이타적 알고리즘을 차용한 자율주행자동차를 선택할 것인가? 아니면 이기적인 자율주행을 하는 자동차를 선택할 것인가?

고의 사망자가 급감시킬 것이다.'라고 주장하면서. 그리고 이동 중에 여가의 시간을 즐길 수 있다는 설득도 덧붙이면서 말이다. 물론 맞는 말이다. 적어도 자율주행자동차는 신호 위반, 중앙선 침범 그리고 불법 추월은 하지 않을 것이다. 교통사고는 확실히 줄어들게 분명하다.

그러나 우리가 꿰뚫어 보아야 할 것은 여전히 핵심 질문에 대한 대답을 내놓지 못한다는 점이다. 누가 자율주행자동차 도입 결정을 하는 열쇠를 쥐고 있는가? 결론은 자동차 산업의 거대 자본들이다. 지금까지 구글과 다국적 자동차업체들이 자율주행자동차 개발에 투입한 비용을 생각해보라. 해답은 자명하다. 결국은 자본이 결정하게 된다. 고약한 질문을 던졌으니, 조금만 더 고약해져 보자. 대형자동차를 구매할 때 가장 중요하게 고려하는 것은 승객의 안전이다. 알아듣기 쉽게(물론 고약하게) 얘기하면, 더 많은 돈으로 고가의 자동차를 구입하면 목숨을 보존할 수 있는 확률이 커진다는 것이다. 돈으로 목숨을 연장하는 쿠폰을 구매하는 꼴이다. 고가의 자율주행자동차도 분명 더 안전한 자동차일 것이다. 어떤 면에서? 혹시나 자동차회사들이 승객의 안전을 최우선시하는 운전프로그램을 심어 놓고, 자기 회사 자동차는 승객의 사망률을 획기적으로 감소시킨 안전한 자동차라고 선전하지는 않을지? 아니면 자동차를 구매한 갑부는 튜닝회사에 들러(불법 튜닝이길 바라지만) 프로그램을 변경해, 자신의 목숨을 지키는 이기적인 운전 알고리즘을 심어 놓지는 않을지? 돈으로 나의 목숨과 타인의 목숨을 맞바꾸는 결과를 초래하는 것이니, 이쯤 되면 많이 사악해졌다는 느낌이 든다. 배제하기 힘든 상상이니 끔찍하다.

또 다른 문제점으로는 자동차 관련 산업에 종사하는 국민이 약 10%에 달한다는 것이다. 자율주행자동차가 운행되기 시작하면 택시 운전기사라는 직업은 역사책에서나 접하게 될 것이다. 대중교통 종사자, 택배기사, 자동차정비소 직원, 자동차 보험 업계 종사자들은 단숨에 직장을 잃게 된다. 자율주행자동차는 자동차생산 대기업의 이윤을 극대화하겠지만, 반대로 생활의 터전을 잃는 다수의 사람이 발생하게 된다. 이미 고속도로 하이패스의 도입으로 통행료 징수원들의 일자리가 줄어든 사례를 목도하지 않았는가? 하이테크가 우리의 삶을 더 편리하게 만들지 모르지만, 인간의 행복까지 따라서 커지는 건 아니다.

'과학기술과 인간' 그리고 '자본의 지배와 인간의 소외'라는 문제에 대한 논의는 더 이상 피해갈 수 없다. 드디어 알파고와 이세돌이 인공지능이라 불리는 기계 대표와 인간 대표가 바둑 대결을 벌이는 국면에 접어들었다. 발상의 전환이 절실하다. 신기술이 창출하는 부를 일부 재벌에게만 귀속시키지 말고 사회에 환원하는 방법을 찾자. 인간이 창조한 인공지능이 인간을 소외시키는 것을 막아내야 한다. 발전과 성장으로 포장된 사이비 신앙을 강요하는 과학기술과 거대한 자본으로부터 인간을 보호하는 것이 지금 인류가 당면해 있는 과제이다.

〈2016년 과학 칼럼〉

03
에덴동산의 '선악과는 바둑'이었을 것이다.

　이세돌 9단과 인공지능 알파고가 펼친 '구글 딥마인드 챌린지 매치'는 알파고의 일방적인 승리로 끝났다. 세기의 대결이라고 불린 이번 대국은 우물 안 개구리처럼 살고 있던 내게 엄청난 충격으로 다가왔다. 신선한 충격을 보다 극적으로 표현하기 위해 창세기를 패러디하려고 한다.

　창세기에 '최초의 인간인 아담과 이브는 뱀의 유혹에 넘어가 선악과를 따 먹자 눈이 열려 자기들이 알몸인 것을 알고, 무화과나무 잎을 엮어서 두렁이를 만들어 입었다.'고 적혀있다. 뱀이 '선악과를 따먹으면 눈이 열려 신처럼 선과 악을 알게 될 것이다.'라고 이브를 유혹하는 장면이 흥미롭다. '신은 인간이 신의 경지를 넘보는 것을 경계하였다.'는 뜻으로 풀이된다. 이것이 인간이 에덴동산에서 쫓겨나게 된 경위이다.

　바둑판에는 19개의 가로줄과 19개의 세로줄이 그어져 있다. 바둑돌을 놓을 수 있는 위치는 361곳이다. 단순하게 생각하면 바둑을 둘 때

361!의 경우의 수가 생긴다. 그러나 승부를 가리기 위해 필요한 유의미한 경우의 수는 약 10^{170}(참고로 $10^{170} \approx 106!$이므로 361!에 비교할 수 없는 작은 크기의 숫자이다)라고 한다. 물리학에서는 더 이상 나눌 수 없는 값들이 존재한다. 자연 상수들의 조합인 플랑크 스케일이 여기에 속한다. 플랑크 길이 $\ell_p = \sqrt{\hbar G/c^3} = 1.616 \times 10^{-35}$ m를 광속 c로 나누면 플랑크 시간을 얻게 되는데 그 크기는 $t_p = 5.3912 \times 10^{-44}$ s 이다. 여기서 $\hbar$와 G는 각각 플랑크 상수와 중력상수이다. 시간 간격을 플랑크 시간보다 더 잘게 쪼개는 것은 의미가 없다. 따라서 물리적 사건도 플랑크 시간보다 더 짧은 시간에 일어날 수 없다. 결국 우주를 창조한 조물주도 피조물인 인간들과 관계를 유지하려면 플랑크 스케일을 존중해야 한다.

이제 플랑크 시간에 바둑에서 가능한 한 개의 경우를 계산하기 위해 신이 가장 빠른 컴퓨터(이를 우주의 모든 현상을 설명하고 미래를 예언할 수 있다는 라플라스 악마에 대응하는 개념으로 '라플라스 계산기'라고 명명하자)를 만들었고 상상해 보자. 천상계의 신도 인간계의 게임

그림 3 바티칸의 시스티나 소성당 천장화의 일부. 선악과를 먹은 죄로 에덴동산에서 쫓겨나는 아담과 이브

인 바둑의 수를 플랑크 시간 보다 더 빨리 계산할 수 없을 것이다. 10^{170}이라는 경우의 수를 계산하기 위해서는 $10^{170} \times (5.3912 \times 10^{-44})$ = 5.3912×10^{126} s 라는 시간이 소요된다. 우주의 나이가 138억년이라고 알려져 있는데, 138억년을 환산하면 4.35×10^{17} s 가 된다. 따라서 라플라스 계산기도 바둑의 모든 경우의 수를 계산하기 위해서는 현재의 우주가 10^{109}번이나 만들어지는 상상할 수 없는 긴 시간을 필요로 한다. 신도 이런 계산을 하려고 시도하지 않을 것이 분명하다. 바둑의 경우의 수가 얼마나 큰 숫자인지 알아듣기 위해 유치한 비유를 장황하게 늘어놓았다. 이제 조금 감이 조금 오는 듯하다.

어릴 때 친구들과 즐겼던 놀이가 생각난다. 1부터 숫자를 순차적으로 불러 20에 도달하는 게임이다. 이 게임에서는 두 사람이 서로 번갈아가면서 숫자를 부르게 되는데, 한 번에 한 개 또는 두 개의 숫자만을 부를 수 있다. 예를 들면 갑돌이가 1이라고 하면 갑순이는 2 또는 2와 3을 부를 수 있고 다시 갑돌이 차례에는 3부터 또는 4부터 한 개 또는 두 개의 숫자를 부를 수 있다. 이렇게 반복하다가 마지막으로 20이라는 숫자를 부르게 되면, 바로 그 사람이 지게 되는 것이 게임의 법칙이다. 승리의 비법은 간단하다. 선공을 하면서 1이란 숫자를 부르면 게임은 끝난다. 후공을 하는 사람이 2를 부르든 2와 3을 부르든 선공은 다음 차례에 무조건 두 사람이 부르는 숫자의 개수가 3이 되도록 하면 된다. 이렇게 하면 4라는 수를 선점할 수 있고 같은 방법으로 반복하면 19를 선점할 수 있다. 따라서 선공하는 사람이 이런 작전을 미리 알고 있는 경우, 후공을 하는 사람은 도저히 이길 방법이 없다. 선공하는 사람이 승리할 확률은 100%이다. 즉 선공하는 사람이 승리의 비법을 알고 있으면 승리는 결정적이다. 이 원리를 터득하고 나면 이 게임은 더 이상 흥미롭지 않다.

그림 4 2016년 봄에 개최된 이세돌과 알파고와의 세기의 대국인 딥마인드 챌린지 매치

그러나 바둑에서는 너무나 많은 경우가 발생하므로 전지전능한 창조주가 바둑의 가능한 모든 경우를 미리 알고 있다고 하더라도(물론 불가능하지만), 선수로 첫 수를 착점하는 순간 또는 후수일 때 두 번째 수를 착점하는 순간에 100% 이길 수 있는 방법을 찾을 수 없다. 하물며 모든 경우의 수를 다 계산 할 수 없는 상황에서는 당연히 완벽한 신조차도 바둑게임에서 100%의 승률은 담보할 수 없다. 확률적으로 이길 수밖에 없는 게임인 바둑으로 인간이 신께 도전장을 내밀자, 신은 자신에 대한 정면 도전으로 받아들였다. 그래서 신은 이를 괘씸히 여겨 에덴동산에서 인간을 쫓아내게 되었다.

이미 설명한 바와 같이 바둑 게임의 초반에는 100% 승률을 보장할 수 없다. 그래서 바둑이 재미있는 것이다. 바둑의 승부가 갈리는 시점은 두 선수 중에서 한 사람의 승률이 100%가 되는 순간이다. 하수가 고수와 바둑을 두면 바둑의 중반도 넘기지 못하고 도저히 이길 수 없는 상황이 발생하며, 이 경우 바둑돌을 던져 불계패를 인정하는 것이다. 바둑의 고수는 최대한 빠른 시점에 승리를 확정짓는 사람이다.

이제 조금 더 간단하게 바둑이라는 게임을 도식화해보자. 초반에는 확률만 계산할 수 있으므로 포석은 승률을 높일 수 있는 방법으로 착점하는 것이다. 바둑의 정석은 이길 수 있는 확률이 높은 방식으로 바둑을 두는 것을 의미한다. 인간은 정석으로 또는 감으로 포석하는 반면 알파고는 승리할 수 있는 확률을 높이는 방식으로 포석하는 것이 다를 뿐이다. 분명 이번 대국에 임한 알파고는 아직 최적화되지 못했을 것이다. 개선의 여지가 분명히 있다. 그런데 신조차도 절대적으로 바둑을 이기는 방법을 찾을 수 없기 때문에 아무리 최적화된 인공지능이라도 절대 완벽하게 바둑을 둘 수는 없다는 점을 짚고 넘어가야 한다.

이번 대국은 인간계의 최고수와 인공지능이 바둑이라는 지극히 복잡한 게임으로 대결하였다는 측면에서 관심을 끌기에 충분했다. '인간이 신에게 도전할 때 사용했던 도구인 선악과, 즉 바둑에서 인간의 피조물인 인공지능이 인간의 능력을 능가한다는 것을 보였다.'는 점이 핵심이다. 5번의 대국을 보면서 알파고가 가끔 이상한 수를 두는 상황도 발생했다. 물론 아직 알파고의 최적화가 완결된 단계가 아니어서 알파고도 실수를 범했다. 그런데 몇 차례는 알파고가 유리한 상황에서 프로기사들이 '인간이라면 도저히 둘 수 없는 수'라고 혀를 내두르게 했던 방식으로 착수를 하였다. 이것은 비록 알파고의 집이 줄어드는 경우가 생기더라도 자신이 패배하는 경우의 수를 줄이는 묘수였고, 결국 알파고의 승률을 높이는 일련의 작업이었다. 알파고가 걸어가는 승리의 길은 유리한 수를 두면서 승률을 높이는 데에만 있지 않고 패배할 경우의 수를 줄이는 방법도 병행한다고 보아야 할 것 같다.

이번 대결의 최종 결과는 부차적인 문제이다. 알파고의 역사는 아무리 길게 보아도 딥마인드라는 회사가 설립된 2010년으로 볼 수 있다.

짧게는 구글이 본격적으로 바둑이라는 게임에 집중적 투자를 하기 시작한 최근 1년이 알파고의 실질적인 생애이다. 그렇다면 비록 알파고가 이번 대국에서 약점을 보였다고 하더라도, 인공지능이 확실하게 인간의 바둑실력을 추월하는 것은 시간문제이고 그것도 아주 가까운 미래에 일어날 수밖에 없다. 인간계에서는 9단 그리고 명예로 주어지는 10단이 최고의 고수이다. 알파고는 인간계를 초월한 11단의 실력을 보유한 주체이다. 딥마인드의 전문가들이 알파고가 이번 대국에서 보여준 허점들을 보완한다고 하니, 조만간에 알파고가 진정 11단의 실력을 보여줄 것이라는 데에 모두 동의할 것이다.

방직공장의 기계는 베틀 앞에 앉아있는 인간의 능력과 비교할 수 없다. 우리는 베 짜는 작업은 육체노동의 문제라고 생각하며, 열등감을 느끼지 않고 오히려 기계를 '문명의 이기'라고 받아들인다. 그런데 인간이 신에 도전하는데 사용했던 선악과인 바둑을 인간의 피조물인 인공지능이 단숨에 집어삼킨 사건이 발생한 데에 대한 상실감은 너무 크다.

인공지능 전공자, 더더욱 바둑의 문외한이 이번 대국에 대해 전문적인 글을 적을 수는 없다. 그러나 내게 충격적으로 다가온 사건과 과학기술이 급속하게 발전하는 모습을 나만의 그림으로 해석해 보려고 노력했다. 비록 두서는 없겠지만 새로운 시각으로 앞으로 몇 차례에 걸쳐 소회를 정리하고자 한다. 다음 글에서는 인공지능과 관련한 근본적인 질문이 무엇인지에 대해 이야기 해보겠다.

〈2016년 과학 칼럼〉

04
불평등의 사회를 바꾸자!

　물리학자들은 자연현상을 최대한 단순화하여 탐구하도록 훈련을 받는다. 물리학을 전공한 필자도 환원주의에 입각하여 세상을 바라보는 데에 익숙하다. 물리학에서 위치에너지라는 흥미로운 개념이 자주 사용된다. 물체를 떨어뜨리면 위에서(위치에너지가 높은 곳) 아래로(위치에너지가 낮은 곳) 운동한다. 이러한 물체의 운동을 '위치에너지가 감소하는 방향으로 일어난다.'고 설명하면 쉽게 이해된다. 여기서 한 가지 흥미로운 사실은 '위치에너지의 크기가 운동의 직접적인 원인은 아니라는 점'이다. 간단한 예를 들어 보자. 백두산 정상에 위치한 공은 바닷가에 있는 공보다 높은 위치에너지를 가지고 있다. 백두산 정상의 공이 평평한 책상 위에 놓여있으면, 그 공은 정지한 상태로 머물러있다. 반면 바닷가의 공을 해변에 있는 모래언덕 위에 올려놓으면, 당연히 굴러 내려온다. 즉 운동의 직접적인 원인은 위치에너지의 경사도이다.

경사도가 커지면 붕괴가 일어난다.

　물리학자의 환원주의적 입장에서 경제문제를 쳐다보면, 사회의 안정성은 부의 절대적 크기에 의해 결정되지 않는다. 오히려 빈부 격차, 즉 불평등이 문제의 핵심임을 쉽게 알아챌 수 있다. 자발적 임계(Self Organized Criticality)는 물리학의 주요 연구대상이다. '모래를 한 주먹 쥐어 서서히 떨어뜨리면서 모래톱을 쌓는 놀이'로 자발적 임계를 흉내 낼 수 있다. 모래톱을 어느 정도 쌓으면 아쉽게도 여지없이 모래톱이 무너져 내리던 안타까운 경험을 누구나 한 번쯤은 가지고 있을 것이다. 자발적 임계 이론에 따르면 모래톱의 경사도가 특정한 값(임계치: 약 32°)보다 더 커지게 되면, 모래톱이 무너져 내려 경사도가 낮아지는 붕괴현상이 자발적으로 일어나게 된다.

불평등의 해소만이 정답이다.

　사회가 변화하고 발전하기 위해서는 활동성이 존재해야 하고 이를 위해서는 일정한 수준의 차이는 필수적인 것을 인정한다. 그러나 대혼란을 불러일으키는 붕괴사고를 예방하려면 경사도를 줄이는 작업을 해야 한다. 꼭대기에 있는 흙을 낮은 곳으로 옮기는 것이 산사태를 예방하는 방법이라는 사실은 지극히 상식적인 것이다. 몰려있는 부와 권력을 가난하고 힘없는 사람들에게 나누어 주지 않으면 불평등 문제는 해결되지 않고 악화된다.
　소득 격차를 계수화한 지니계수를 살펴보면, 우리나라의 소득 불평등의 정도는 국제적으로 가장 빠른 속도로 악화되고 있다. 자살률은 OECD 국가 중에서 여전히 독보적인 1위를 차지하고 있으며, 기득권과

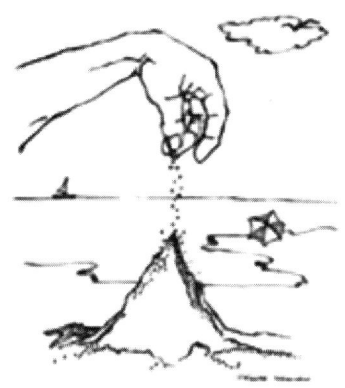

그림 5 모래톱이 임계각도를 넘게 쌓여지면 자발적으로 붕괴한다.

소외계층의 갈등은 날로 증폭되고 있다. 고령화 문제, 청년실업 등등 불평등의 사례들을 일일이 열거하기가 버겁다.

  대학 교수인 필자가 가장 가슴 아프게 생각하는 것은 심각한 청년실업문제이다. 교육부의 2014년 발표 자료에 의하면, 우리나라 대학 졸업자의 평균 취업률은 58.6%이다(경북대학교는 49.7%임). 이들 대졸취업자중 60%만이 정규직으로 취업한다. 120만원으로 버티는 미생이 아닌 완생으로 정규직 취업에 성공하는 졸업생은 36%정도에 불과하다. 비정규직에서 정규직으로 전환되는 비율 또한 미미한 수준이라고 하니, 우리의 미래요 희망인 청년들의 앞날이 심히 걱정되어 마음이 한없이 무겁다. 청년실업은 구직자의 개인적 문제로 돌릴 것이 아니라 기득권과 소외계층의 갈등 구조로 이해해야 한다. 고용 없는 성장이 계속되고 기득권인 기성세대가 정년을 연장하면서까지 자리를 지키는 상황이다 보니 사회 초년생들에게는 취업의 문이 점점 좁아질 수밖에 없는 것은 당연한 이치이다.

  국가공동체가 위기로 치닫고 있다는 징후들을 곳곳에서 감지할 수 있다. '심화되는 빈부 격차와 불평등은 시급하게 해결해야 하는 당면 과제'라는 점에 모두 쉽게 동의할 수 있을 것이다. 물리학자로서 확언한다. 불평등은 사회의 불안정으로 이어지고, 불평등의 정도가 도를 넘게 되면 불안정한 사회는 끝내 붕괴하게 될 것이다. 냄비 속의 개구리처럼 불평등의 폐해가 날로 커지고 갈등이 증폭되고 있다는 것을 알아차리지 못하거나 애써 외면한다면 그 끝은 분명하다.

아직 희망은 있다. 분노하고, 깨어나서 행동을 시작해야 할 때이다. 국가의 주인인 우리가 외치자! "지금과 같이 해서는 안된다"고.

〈단상〉

05
과학은 진리를 추구하는가?

 우리는 일상생활에서 과학적 진실은 존재한다고 확신하고 있으며 '과학적 진실에 근거한 사실'이라며 펼치는 주장을 비판도 하지 않고 받아들인다. 그런데 '과학은 진리 또는 진실을 추구하는가?' 또는 '과학적 진술은 진리를 담보하는가?'에 대해 질문을 던져야 하는 것은 아닌지 의구심이 든다.
 '과학은 진리를 추구하는가?'라는 질문을 20세기 대표적 과학철학자인 칼 포퍼의 '비판적 합리주의'와 토마스 쿤의 '과학혁명의 구조' 관점으로 살펴보자.
 포퍼는 어떤 가설이 과학으로 받아들여지려면, 실험을 통해 그 가설이 틀렸다는 사실을 확인할 수 있어야, 즉 반증할 수 있어야 한다고 생각했다. 포퍼는 "반증할 수 없는 가설은 과학이론이 될 수 없고 반증할 수 있는 가설만이 과학적 진술이 될 수 있다."라고 주장한다. 과학이론은 엄격한 기준에 의해 그 진위가 검증될 수 있어야 한다는 뜻이다.

포퍼는 반증의 시험을 통과하지 못한 이론은 과감하게 폐기되고, 더 우수한 새로운 이론으로 대체되는 과정에서 과학은 진보한다고 주장했다. 예를 들어 '백조는 하얗다.'라는 가설은 엄청나게 많은 수의 백조를 조사한 후, 다른 백조의 색깔도 흰색일 것이라고 일반화시켜 과학적 사실로 정립한 것이다. 그러나 지구상에 있는 모든 백조의 색깔을 확인하는 것은 현실적으로 불가능하므로 모든 백조의 색깔을 확인하여 '백조는 하얗다.'라는 가설을 증명할 수는 없다. 반면 특정 백조 집단에서 검은 백조를 한 마리라도 찾아낸다면, 백조의 색깔이 하얗다는 가설이 틀렸다는 것을 쉽게 확인, 즉 반증할 수 있다. 실제로 호주에는 검은 백조들이 있고, 심지어 검은 백조는 웨스턴오스트레일리아주의 상징새이기도 하다. 이런 방식으로 '백조는 하얗다.'라는 가설이 반증된다. '모든 백조가 하얗지는 않다.'라는 보다 설득력 있는 가설로 대체된다. 반증의 가능성이 열려있지 않기 때문에 과학적 진술로 받아들여질 수 없는 가설들이 있다. '인간은 존엄하다.'와 같은 주장도 반증할 수 없다. 이러한 주장은 과학적 진술이 될 수 없다. 반면 '빛이 평면거울에 반사될 때, 입사각과 반사각의 크기는 같다.'라는 가설은 입사되는 광선의 입사각과 반사각이 다르게 반사되는 경우를 관찰할 수 있다면 반증할 수 있어 과학적 진술로 인정된다. 포퍼의 관점을 따르면 뉴턴의 역학을 포함한 고전물리학은 반증되었으며 더 우수한 이론인 상대성이론과 양자물리학으로 대체되면서 과학은 지속적으로 발전한다. 이쯤에서 '과학은 진리를 추구하는가?'는 질문에 대해 생각해 보자. 반증할 수 있다는 뜻은 틀렸다는 것을 입증할 수 있다는 뜻인데 참이 아닐 수 있는 이론을 기반으로 하는 과학이 진실을 탐구한다고 할 수 있을까?

한편 쿤은 '과학은 진리를 추구하는 행위가 아니라 패러다임에 따른 지적 행위에 지나지 않는다.'라고 생각했다. 쿤은 "과학자 사회가 공유하는 패러다임, 즉 정상과학이 다른 새로운 패러다임으로 대체될 때 과학혁명이 일어난다."라고 주장했다. 인류는 '개별적인 물체가 위에서 아래로 떨어지는 현상'을 관찰한 경험을 축적하고 분석하여 "모든 물체는 위에서 아래로 떨어진다."라는 결론을 도출한다. 뉴턴의 만유인력의 법칙이 알려진 이후에는 "돌은 위에서 아래로 떨어진다. 왜냐하면 만유인력의 법칙이 작용하니까"라고 '왜냐하면'으로 대답할 수 있다. 개별적인 경험을 축적(전과학prescience)하여 도출한 과학적인 진술인 '만유인력의 법칙'을 패러다임으로 받아들여 과학계가 정설로 인정하는 정상과학의 지위를 확보한다. 18세기까지는 '수성, 금성, 지구, 화성, 목성, 토성' 이렇게 6개 행성이 있다고 알려졌다. 그런데 독일 태생의 음악가이며 천문학자였던 윌리엄 허셀(Frederick W. Herschel, 1738~1822)은 당시까지 알려지지 않았던 새로운 행성, 즉 7번째 행성인 천왕성을 발견했다. 이어 1821년 프랑스 천문학자인 보바르는 뉴턴의 운동방정식을 기반으로 천왕성의 궤도를 정밀하게 계산하고 그 결과를 도표로 정리하여 발표했다. 이후 천문학자들이 천왕성의 궤도를 자세히 관측해 보니 천왕성이 보바르의 계산 결과에 일치하지 않는 공전궤도로 운동한다는 사실을 발견했다. 의심의 여지 없이 완벽하다고 믿었던 뉴턴의 운동법칙이 실패하는 충격적인 사례를 접한다. 쿤의 관점에서 보면 천왕성의 궤도는 뉴턴 역학이라는 정상과학의 변칙 사례에 해당하고, 포퍼의 반증주의의 관점에서 보면 뉴턴 역학이 반증 된 경우가 된다. 천왕성의 공전궤도로 인해 뉴턴 역학은 위기를 맞이하였지만, 당시 과학계는 너무나 정확하게 행성의 운동을 설명하는 뉴턴 역학을 도저히 포기할 수 없었다. 그래서 정상과학의 틀 안에서 천왕성의 관측 결과를 이해하려고 노력한다. 미지의 행성 P가 천왕성과 만유인력으로 상호작용하여 천왕성의 궤도를 교란한다는 임시방편적 가설을 세웠다.

1845년에서 1846년 사이 영국의 천문학자인 아담스와 프랑스의 르 베리에는 이러한 가설을 바탕으로 새로운 미지의 행성이 가져야 하는 이론적 질량과 공전궤도를 계산한다. 1864년 가을밤, 갈레와 그의 학생 다레스트는 르 베리에가 예측한 궤도에서 불과 1°밖에 벗어나지 않은 지점에서 이론으로 예측됐던 행성 P인 해왕성을 발견한다. 해왕성은 정상과학의 틀 안에서 자연 현상을 이해하려는 노력의 일환에서 제안된 가설로 예측되었고 이는 실제 관측을 통해 발견되는 행성이 된다. 여기서 흥미로운 사실은 포퍼의 반증주의에 따라 과학 역사가 흘러간다면, 뉴턴의 역학 법칙이 폐기되고 새로운 이론으로 대체되었어야 마땅하고 그 결과 아마도 해왕성의 발견은 훨씬 이후 시점으로 미루어졌을 것이다. 뉴턴 역학은 첫 번째 커다란 위기를 잘 넘겼지만, 19세기 말 빛의 속도가 항상 일정하고 빛의 매개 물질로 가정한 에테르의 존재를 확인할 수 없다는 새로운 변칙 사례들이 속속 발견되면서, 고전물리학은 본격적인 위기를 직면한다. 이번에도 과학계는 정교하게 구축된 고전 역학 체계를 조금만 수정한다면 변칙 사례들을 성공적으로 설명할 수 있고 위기를 돌파할 수 있다고 생각했다. 그러나 다양한 대안이 제안되었음에도 성공적이지 못했다. 뉴턴의 고전역학이 위기를 더는 감당하지 못했다. 아인슈타인은 '상대성이론'이라는 혁명적인 가설로 모델 혁명을 시도한다. 이후 가설로 제안되었던 상대성이론이 실험을 통해 검증되면서, 과학계는 이 혁명적 모델을 새로운 정설로 받아들이는 패러다임의 변화를 통해 정상과학의 위치를 점한다. 자연은 변하지 않고 그대로이지만 자연을 기술하는 이종동체(異種同體, isomorph)가 모델 혁명으로 새로운 패러다임으로 대체되었다.

쿤 이전의 과학철학자들은 과학의 발전이 낡은 이론이 더 좋은 새로운 이론으로 대체되는 진보적 과정이라 생각했다. 과학이 발전한다는 관점에서 보면 분명 새로운 이론은 옛 이론보다 포괄적이고 정확하고 더 많은 것을 설명하는 방식으로 진보해야 한다. 반면 쿤은 패러다임 사이의 공약 불가능성에 근거하여 차곡차곡 쌓아 올리는 방식으로 과학이 발전한다는 기존의 입장을 단숨에 무너뜨리고, 패러다임의 변화에 기반하여 새로운 과학 구조가 완성되는 방식으로 과학혁명이 이루어진다고 주장했다. 다시 말해 쿤은 "새로운 이론이 낡은 이론의 연장선에 있는 것이 아니라, 새로운 패러다임은 완전히 새로운 세계관을 제공해 준다."라고 설파했다. 그렇다면 쿤은 과학적 진보를 어떻게 보았을까? 쿤은 새로운 패러다임이 과학계에서 받아들여지기 위해서는 두 가지 조건이 전제되어야 한다고 했다. 첫째, 새로운 후보 패러다임은 다른 어떤 방법으로도 풀 수 없던 중요하고도 근본적인 문제들을 해결해야 한다. 둘째, 새로운 패러다임은 낡은 패러다임이 해결했던 것보다 더 포괄적으로 구체적인 문제들을 해결하는 능력을 보여야 한다. 따라서 쿤은 낡은 패러다임과 새로운 패러다임 사이의 전후 관계를 정의할 수 있을 것이라 예상했다. 왜냐하면 새로운 패러다임은 과학자들이 풀고자 하는 문제점들을 더 훌륭하게 해결할 수 있다고 보았기 때문이다. 쿤의 이러한 주장에 따르면 과학이 진보한다고 볼 수도 있다. 하지만 쿤에 따르면 과학은 혁명적 변화를 겪으며 문제 해결 능력이 향상될 뿐, 과학이 진리를 향해 전진해 가는 것은 아니다.

"과학은 진보 또는 전진하지만, 진리를 추구하는 것이 아니란 말인가?" 과학자들은 "과학이 진리를 추구하지 않는다."라는 주장을 그리 달갑게 받아들이지 않는다. 과학자의 입장에서는 적어도 현대과학은 자연을 매우 정확하게 기술하고 있으므로, "과학의 궁극적 목표는 자연에 대한 진리를 얻는 것이다."라는 과학적 실재론에 훨씬 매력을 느낀다. 과학적 실재론을 지지했던 포퍼는 "과학은 하나의 과학적 가설이 반증되고 나면 보다 우수한 가설을 세우는 방식으로 진리를 추구하지만, 아직 궁극적인 목표인 진리에 도달하지 못했을 뿐이다."라고 주장했다. 과학의 실재론을 펼치는 대표적 철학자인 퍼트넘(Hilary Putnam, 1926~2016)은 "기적이 아니라고 한다면, 과학의 성공을 설명하는 유일한 길은 우리의 과학 이론이 세계에 대한 진리, 또는 최소한 근사적 진리에 대한 설명을 제공한다는 것이다."라고 했다. 즉 "훌륭한 현대과학이 진실이 아니라면, 기적일 수밖에 없지 않은가?"로 반문할 수 있다.

반면 반실재론을 주장하는 사람들은 "과학의 목표는 진리 탐구에 있지 않고, 다만 유용한 지식을 찾는 것에 불과하다."라고 생각한다. 반실재론을 대표하는 프라젠(van Fraassen, 1941~)은 "진화적 비유로 나는 현재의 과학이론의 성공이 기적이 아니라고 주장한다. 성공적 과학적 이론은 치열한 경쟁을 버텨 살아남은 것이다. 따라서 경쟁을 뚫고 나온 과학이론은 매우 성공적으로 보인다"라고 주장했다. 다시 말해 현대과학이 매우 성공적으로 보이는 이유는 현대과학이 진리이기 때문이 아니라, 과학사에서 제안된 많은 이론 중에서 성공적인 이론만이 살아남았기 때문이다. 마치 다윈의 자연선택설처럼 경쟁력을 갖춘 이론이 살아남았기 때문에 과학은 매우 성공적인 것처럼 보일 뿐이다.

「공간속의 시간, 시간속의 공간, 그리고 우리」
(이형철, 북스힐 2020)

06
과학기술과 미래 그리고 인간

　인류 미래를 예측하는 데에 단초를 제공한 할리우드 블록버스터 SF 영화로 〈매트릭스〉, 〈A.I.〉, 〈터미네이터〉, 〈아일랜드〉, 〈아바타〉 정도를 꼽을 수 있다. 〈매트릭스〉는 가상공간, 〈아일랜드〉는 인간복제, 〈A.I.〉는 인공지능, 〈터미네이터〉는 사이보그, 그리고 〈아바타〉는 우주탐사라는 주제어로 다소 거칠게나마 요약할 수 있다. 인터넷을 통한 사이버공간에서 21세기의 인류는 사이버 노마드(Cyber Nomad)로 분류된다. 배아줄기세포를 이용한 아일랜드의 복제 기술을 인간에게 적용하기 위한 기술적 한계들은 이미 극복된 단계이며, 인간 복제의 구현은 도덕과 윤리의 문제로 남아있을 뿐이다. 컴퓨터 과학의 중요한 연구 주제 중의 하나는 인간의 지능을 가진 컴퓨터 개발이다. 인공관절, 심장박동기, 신장투석기, 인공안구 등 일일이 열거하기에 숨가쁜 다양한 의료기기에 의존하여 삶을 연장하고 있는 인류는 10%를 훌쩍 넘어섰으며 이들을 광의로 사이보그라고 정의하는 미래학자들이 있다. 소설가 김탁환과 물리학자 정재승이 공동 집필한『눈먼 시계공』(민음사, 2010)에는 2049년 서울을 배경으로 로봇과 사이보그가 주요 인물로 등장한다. 소설속에서는 기계 몸의(기계로 대체된 신체) 비율이 70%를 넘게 되면 인권을 박탈하고 사이보그로 취급한다.『눈먼 시계공』은 불과 40년 이후인 비교적 가까운 미래에 사이보그가 우리의 삶을 지배할 것이라 예측한다. 베르나르 베르베르의 소설『파피용』(열린 책들, 2006)은 14만 4천 명의 마지막 지구인들이 우주 범선을 제작하여 인류의 미래를 건 마지막 여행을 낯선 행성으로 떠난다는 내용을 골자로 하고 있다. 우주 범선 여행의 아이디어는 이미 400여 년 전 요한네스 케플러에 의해 제안되었고, 2010년 5월 일본의 우주항공개발기구는 이카로스라는 우주 범선을 금성을 향해 발사하였다. SF 영화들의 소재는 먼 미래 또는 공상 속에서만 존재하는 것들이 아니라, 이미 우리 삶 속에 깊숙이 들어와 있거나 가까운 미래에 구현될 것이 분명하다.

1970년대 국민학교 교실 뒤편에는 '1980년대가 되면 수출 100억 불, 국민소득 1000불 시대가 도래할 것이고, 각 가정에는 TV와 전화기,

그림 6 1990년대 말까지 동네 어디에서나 볼 수 있었던 QSS 즉석 현상소

냉장고와 자동차가 보급된다.'는 내용을 담은 신동우 화백의 대한민국의 미래상이 게시되어 있었다. 당시 시골에서 국민학교에 재학 중이던 필자에게는 이러한 홍보물의 내용들은 실현되기 힘든 단순한 꿈이라고 여겼던 기억들이 아직도 생생하다. 2011년 우리는 어린 시절의 상상을 초월하는 많은 문명의 혜택을 누리고 있다. 그러나 우리는 꿈이 현실이 되었다고 생각하고 있지 않다. 이미 언급한 SF영화의 꿈과 같은 주제어들은 가까운 미래에 인류의 일상에 녹아져 있을 것이 분명하나, 영화 속의 장면처럼 경이로운 모습으로 다가오지는 않을 것이다.

구태여 여기서 재차 언급할 필요가 없을 정도로 과학기술이 인류 역사의 발전에 지대한 공헌한 것이 분명하며, 앞으로도 과학기술의 발전을 통해 인류가 당면하고 있는 산적한 문제들을 해결해 나갈 것이다. 과학기술은 삶의 풍요로움과 안락함을 제공하고 있으나, 행복의 총량을 증가시키기에는 역부족이다. 풍요와 안락함의 그늘에는 불확실성에서 기인하는 불안이 똬리를 틀고있다. 농축 산업 기술의 발전은 식량 생산성의 향상으로 이어지고 의료기술의 발전으로 평균 수명은 연장되었으나, 각종 성인 질환으로 불필요하게 오랜 기간 병마와 씨름하는 사람들이 증가한 것도 사실이다. 또한 발전은 급속한 생활 패턴의 변화를 강제하고 있으며 미래를 예측하고 준비하도록 강요하고 있다. 최근 20년간 한국인의 평균 수명이 해마다 0.42세씩 증가하고 있으며 2010년에는 평균 기대수명이 80세를 넘었다. 평균 수명의 연장 추세가 지속될 경우 2011년 20세인 대학 재학생의 경우 120세까지 생존하게 될 것이 기대된다. 평균 수명의 연장으로 인해 생애 전주기(全週期)에 대한 계획의 대폭적인 수정이 불가피해졌다. 생산 활동에 참여하는 기간이 연장될 뿐만 아니라 퇴임 이후의 노년기가 길어지게 된다. 최초로 직업을 가지는 나이가 다소 늦어지더라도 생산 활동에 참여하는 기간은 충분 길 것이다. 대학생들이 8학기 만에 졸업하는 것이 드물어지고 있으며, 대학원 교육과 전문 교육의 형태로 교육 기간이 연장되고 있는 것도 어쩌면 당연한 것일지 모른다. 이러한 맥락에서 사회적 현안으로 등장한 청년실업 문제도 다시 해석하여야 하지 않을까? 또한 수명의 연장은 결혼 기간의 연장으로 이어지므로, 30세 이상의 만혼이 흔해지고 있고 결혼을 두 번 이상하는 사회가 보편화되고 있는 것도 큰 틀에서는 같은 맥락으로 이해할 수 있을 것이다.

10여년 전 동네 어귀 어디서나 손쉽게 볼 수 있었던 급속사진현상소(QSS 45 서비스)는 순식간에 사라지고 말았다. 사진 현상소를 운영하던 사장님은 전문기술을 보유한 자영업자였다. 디지털카메라의 보급과 인터넷으로 사진 현상을 구현하는 전자 상거래의 도래를 감지하고 대비하지 못한 과실 때문에 폐업의 위기에 몰리게 되었다. 후쿠시마 원전의 방사선 유출 사고는 과학기술의 파괴적인 뒷모습을 보여주는 극명한 사례이다. 핵연료봉의 용융 유출 사고는 10만년에 한 번의 확률로 발생할 수 있는 중대사고로 알려져 있다. 필자의 길지 않은 생애 동안에 이미 세 번이나(1979년 쓰리마일 아일랜드, 1986년 체르노빌, 2011년 후쿠시마) 치명적인 원전 사고가 발생하였기 때문에, 수학적

그림 7 왼쪽에서부터 미국의 쓰리마일 아일랜드, 구 소련의 체르노빌, 일본의 후쿠시마 원전 사고 모습

재능을 갖지 않은 사람이라도 10^{15}(일천조)년의 빈도로 일어날 수 있는 천문학적인 확률의 이벤트를 경험하였다는 것을 쉽게 알 수 있다. 야누스의 모습을 한 과학기술의 발전은 인류에게 많은 것을 약속하고 있지만 동시에 새로운 책임있는 도전과 반성을 요구하고 있다.

과학기술과 미래에 관한 성찰에 있어 중심에 서야 할 대상은 분명 인간이다. 누구나 행복한 삶을 살고자 한다. 그리고 행복의 모습은 다양하다. 그러나 확실한 것은 인본주의에 기반을 두지 않으면 과학기술은 매혹적이지만 재앙과 재악을 세상에 퍼트리는 판도라의 상자가 될 것이다. 공리주의의 패러다임에 몰입하여 과학기술의 발전에 일익을 담당하고자 하는 필자와 같은 과학자들이 성찰해야 할 대목이다. 미지의 미래를 예측하고 준비하는 것이 생존의 필수 조건이 된 시대에 살고 있다. 우리가 어디에 있으며 어디로 가고 있는지 그리고 무엇을 하고 있는지 생각하고 행동하는 깨어 있는 지성인으로서의 대학 교수가 해야 할 역할이 막중해지고 있다. 과학기술뿐만 아니라 생애 최후의 제도 교육인 고등교육도 미래로 향한 변화가 시작되었다. 과학에 몰입한 전공분야의 백치(Fachidiot)인 필자도 큰 흐름을 인지하고 준비해서 계몽해야 할 책무를 느낀다.

지금 바로 이 순간 혹시 나의 주위에서 인공지능을 모사한 로봇이나 사이보그가 노려보고 있지 않은지, 복제인간을 이용한 장기이식을 받은 이웃들이 씁쓸한 웃음을 머금고 있지는 않은지, 아니면 인터넷을 통한 가상의 현실에서 삶에 몰입해 있는 사람들 사이에 내 자신이 둘러싸여 있는 것은 아닐까? 단지 내가 인식하지 못할 뿐…

〈2011년 과학 칼럼〉

07

보즈-아인슈타인 응축
(Bose-Einstein condensate)

    물리학을 간단히 정의하면 우리가 경험하는 것들을 논리적으로 기술하는 '경험학문'이다. 하지만 물리학은 모든 경험을 다루지 않고 객관적 경험만을 기술한다. 과학 중에서 가장 기초가 되고 중요한 학문이라고 자부하는 물리학은 인간이 체험하는 것에서 가장 중요한 경험의 하나인 '사랑'을 대상으로 삼지 않는다. 사랑은 지난밤 실연을 당한 사람에게는 상처이고 아픔이지만, 갓난아이를 정성껏 돌보는 어머니에게는 숭고한 희생이고 또 어떤 사람에게는 정열적 쾌락이 되는 주관적인 경험이기 때문이다. 따라서 물리학의 연구에서는 "모든 물체는 위에서 아래로 떨어진다."와 같이 시간과 공간을 초월하여 자신과 타인에 의해 반복적으로 재연되는 객관적인 경험만을 물리학적 대상으로 삼고 있다. 19세기까지 인류는 물리학 체계를 공고히 구축하였다고 생각하였으나, 19세기 말에 이르러 정밀한 실험을 수행하면서 그때까지 완벽하다고 믿었던 물리학이 수정되어야 한다는 것을 깨달았다. 빛의 속력 정도의 빠른 속력으로 운동하는 입자는 뉴턴의 고전역학으로 설명할 수 없고, 원자나 전자의 특성들은 전자기학과 같은 기존의 고전 물리학으로 이해할 수 없다. 이와 같은 새로운 경험들은 기존의 물리학적 체계를 뛰어넘는 현대물리학을 태동하게 하였다.

20세기에 이르러 정립된 양자물리학을 바탕으로 원자뿐만 아니라 물질을 구성하는 근본 입자에 대해 많은 것을 이해할 수 있다. 인류가 탄생시킨 가장 걸출한 과학자중에 한 명인 아인슈타인의 상대성이론을 이용하면 우주의 신비에 한 걸음 더 가까이 다가갈 수 있다. 21세기에 살고 있는 우리는 나노 물리에서부터 고에너지 입자물리 분야에 이르기까지 물리학 전 분야에서 현기증을 일으키기에 충분한 속력으로 많은 연구 성과들을 달성하고 있다. 최근에는 나노미터 크기에서 일어나는 각종 양자현상들을 이용하는 나노기술이 활발히 진행되고 있다. 원자와 분자 수준에서 물질을 재구성하고, 나아가 새로운 물질을 창조하기까지 하는 나노과학의 연구는 분자 수준의 유전자연구와 단백질의 합성과 같은 생명의 모든 것을 밝혀주는 바이오과학과 결합하는 융합연구로 발전하고 있다. 또한 국제공동연구로 진행되는 LHC (Large Hadron Collider, 거대강입자충돌장치) 실험을 통해 조만간 '물질들이 어떻게 질량을 가지게 되었는지'를 설명할 수 있을 것으로 기대한다. 소위 신의 입자인 힉스보존을 찾게 되면 질량의 기원을 이해 할 수 있을 뿐만 아니라 우주의 비밀을 풀어주는데 중요한 단초를 제공할 것이다. 그러나 괄목할 과학적 성과에도 불구하고 우리는 불과 우주의 4.6%에 해당되는 물질만을 볼 수 있다. 실체를 파악하지 못하고 있는 암흑물질이 우주의 23% 정도를 차지하고 있고, 아예 그 정체가 오리무중인 암흑에너지는 우주의 72%를 차지하고 있다. 우리는 과학을 통해 자연에 관해 많은 것을 이해하고 있다고 착각하고 있지만, 우리의 과학적 지식 수준은 겨우 걸음마 수준에 머물러 있음이 분명하다.

양자역학적 관점에서 물질을 대분류하면 보존(boson)과 페르미온(fermion)이라는 두 종류의 입자로 구분할 수 있다. 입자들은 질량, 전하, 그리고 스핀이라는 고유한 양자물리적 성질을 가지고 있다. 어떤 입자의 스핀이 0 또는 1과 같이 정수이면 보존이고, 1/2 또는 3/2과 같은 값이면 페르미온이다. 대표적인 보존은 빛의 알갱이인 광자와 ^{4}He (양성자가 2개 중성자가 2개로 구성된 헬륨의 스핀은 0이다.)이다. 반면 전자, 양성자 그리고 중성자와 같은 입자의 스핀은 1/2이기 때문에 페르미온이다. 보존과 페르미온의 성질은 극명하게 구분된다. 페르미온은 매우 개성이 강한 입자로서 다른 입자가 자신과 똑같은 양자적 상태를 가지는 것을 거부한다. 따라서 페르미온은 적어도 하나의 성질은 다르게 가져야 한다. 개성이 강한 모델이 한껏 옷을 차려입고 파티에 참석했는데, 자신과 똑같은 의상을 입은 손님들이 다수 참석해 있는 것을 보고서 파티장을 박차고 떠나는 장면을 상상하면 쉽게 이해가 된다. 이에 반해 보존은 개성이 없는 입자이다. 특정한 조건이 갖추어지면 보존들은 동일한 양자상태를 가지는 것을 선호한다. 군인들이 동일한 제복을 입고 같은 장소에 모여 있는 것을 상상하면 된다. 일사분란하게 움직이는 잘 훈련된 군인들은 외부의 방해가 있더라도 대열을 이탈하지 않는다. 만약 군인들이 대열을 이탈하게 만들려면 모든 부대원이 저항해도 감당할 수 없는 정도의 강력한 외부 충격이 필요하다. 보존들의 행동양식도 이와 비슷하게 이해할 수 있다. 보존들이 특정한 온도 이하로 냉각되면 동일한 양자상태를 가지게 된다. 이렇게 보존들이 동일한 양자상태를 가지는 현상을 보즈-아이슈타인 응축이라 부른다. 보즈-아이슈타인 응축이 일어나면 보존들은 양자적

그림 8 자석 위에 떠있는 고온초전도체

으로 구별할 수 없기 때문에 집단적 특성을 유지하게 되어 외부의 방해에 영향을 받지 않게 된다. 예를 들어 보존인 ^{4}He이 특정한 온도 2.17 K (영하 271 ℃)의 극저온으로 냉각되면 ^{4}He들은 초유체(superfluid)가 된다. 초유체 상태인 ^{4}He의 점성은 사라지게 되어 마찰 없이 움직일 수 있어 초유동상태의 ^{4}He는 담아두는 그릇의 표면을 따라 스스로 기어 올라가서 그릇 바깥쪽으로 뿜어져 나오는 분수효과라는 신기한 현상이 나타나기도 하고, 초유체를 한 번 회전을 시키면 회전이 멈추지 않게 된다.

초유동 현상과 매우 유사한 또 다른 흥미로운 현상은 초전도 현상이다. 초전도체가 임계온도라 불리는 일정한 온도 아래로 냉각되면 전기저항이 사라지게 된다. 초유동 현상에서 한 번 회전을 시작한 초유체가 회전을 멈추지 않고 영원히 회전할 수 있는 것과 마찬가지로 초전도 상태에서 흘려준 전류는 사라지지 않고 영원히 흐를 수 있다. 초전도체는 흥미로운 양자현상일 뿐만 아니라 응용가치가 매우 커 집중적으로 연구되고 있다. 원자력 발전에 비해 비교적 안전하고 환경 친화적인 발전 방식이며 자원의 고갈 문제도 해결할 수 있는 장점을 가지고 있다고 알려진 핵융합 발전에도 초전도체가 응용된다. 원자력 발전의 원리는 간단히 이해할 수 있다. 우라늄과 같이 무거운 원자핵이 쪼개지는

그림 9 필자가 연구소 재직 시절 개발에 참여하였던
초전도핵융합연구장치 KSTAR

현상을 핵분열이라고 부른다. 핵분열 과정에서 원자핵의 질량이 줄어들게 되고, 줄어든 질량에 해당되는 $E = mc^2$ 크기의 에너지가 발생된다. 이 에너지를 이용하여 전력을 생산하는 것이 바로 원자력 발전이다. 핵융합 에너지도 유사하게 이해할 수 있다. 핵융합은 우리가 살고 있는 우주에 있는 별들이 빛을 발생하는 에너지를 만드는 방식이다. 태양도 핵융합 반응을 통해 에너지를 만들어 햇빛을 지구로 보낸다. 수소와 같이 가벼운 핵들이 만나 한 개의 핵으로 융합할 때 질량이 줄어든다. 질량 감소에 해당되는 크기로 발생되는 에너지로 전력을 생산하면 핵융합 발전이 된다. 자연은 어쩌면 공평한 것이어서 많은 장점을 가지고 있는 핵융합 발전을 인간들에게 쉽게 허용하지 않고 있는 듯하다. 핵융합을 이용한 에너지의 생산에는 아직 많은 기술적인 문제가 해결되고 있지 않아 아마도 2050년경 가능할 것이다. 수소와 같은 가벼운 원자핵들의 융합을 일으키기 위해서는 1억도 이상의 엄청난 고온으로 가열하여야 한다.

물 그릇은 물을 어떤 일정한 장소에 가두어 둘 수 있는 용기다. 마찬가지로 핵융합을 일으키는 고온의 가스인 플라즈마도 담아두는 그릇이 필요한데 플라즈마 그릇을 만드는 것은 매우 어렵다. 질량을 가지고 있는 물체는 만유인력이 작용하므로, 태양은 중력을 이용하여 플라즈마들이 일정한 장소 즉 태양이라는 별에 모여 있게 한다. 태양에서는 중력이 고온 플라즈마의 그릇임 셈이다. 지구에서 핵융합 발전을 실현하려고 중력을 이용한 플라즈마 그릇을 제작한다면 그 크기는 태양과 유사한 정도일 것이다. 즉 지구 위에 태양을 만들어야 하는데, 이것은 아무리 생각해도 불가능한 것 같다. 고온 플라즈마를 가둘 수 있는 또 다른 방법은 높은 자기장을 이용하는 것이다. 현재 핵융합 연구에는 주로 자기장을 플라즈마 그릇으로 이용하고 있다. 보즈-아인슈타인 응축과 유사한 초전도 현상을 이용하면 에너지의 손실 없이 전류를 흘려보낼 수 있어, 매우 강력한 자기장을 발생하는 초전도자석을 만들 수 있다. 핵융합 연구에 초전도 기술이 핵심적으로 이용되는 이유이다. 이미 언급한 바와 같이 기본입자를 탐색하고 나아가 우주의 기원을 밝히기 위해 연구되는 LHC를 건설에도 강력한 초전도 자석이 사용되었다. 이와 같이 대규모 과학기술 연구에 초전도체가 광범위하게 활용되고 있다.

지금까지 현대물리학의 몇 가지 연구 주제와 보즈-아인슈타인 응축에 대해 살펴보았다. 인류는 물리학과 과학기술의 눈부신 발전을 발판으로 경험의 폭을 넓히고 있다. 초유동현상과 초전도현상은 고전 물리학으로는 설명할 수 없는 대표적인 양자물리적 현상이다. 기존의 과학적 토대 위에서 새롭게 발견되는 현상을 받아들이고 수용할 때 상대성이론과 양자물리와 같은 보다 보편적인 진실을 깨우칠 수 있다. 이 대목에서 반드시 짚고 넘어가야 할 점은 고전물리학은 비록 현대물리학에 비해 제한적이긴 하지만 훌륭한 물리적 체계라는 것이다. 고전물리학은 적용범위 내에서는 간단하며 강력한 유용성을 가지고 있다. 인류는 과학적 사고를 하던 선조들의 어깨 너머로 우주와 자연을 바라보면서 지식의 지평선을 점차 넓혀왔다.

21세기에 인류는 지식을 2년마다 2배씩 증가시킨다고 한다. 만약 2년을 놓고 있으면 나의 지식이 반으로 줄어드는 결과가 생기는 것이다. 그래서 21세기에는 평생학습을 통해 지속적인 재교육이 생존의 필수요건일지도 모른다. 매우 역설적이지만 과학의 발전은 인류 문명에 결정적 공헌을 한 동시에 심각한 위기를 유발하였다. 핵물리학 연구성과의 대표적 성공 사례인 원자력 발전은 인류의 멸망을 초래할 수 있는 원자폭탄의 위협, 그리고 일본의 동일본 지진으로 야기된 참혹한 원전사고와 떼 내어 생각할 수 없다. 성취한 것들의 결과에 대해서 깊이 고찰하고 파급효과에 대한 책임의식이 없다면 물리학과 첨단 과학이 재앙으로 다가올 수 있음을 명심하여야 한다.

우주가 대폭발한 이후 지금의 우주 모습을 갖추기 위해 130억년이 넘는 엄청난 시간이 필요하였다. 그에 반해 인류는 극히 짧은 찰나동안 비약적인 발전을 이룩하고 있다. 우리가 필요로 하는 것보다 더 많은 것을 차지하기 위한 탐욕 때문에 45억년에 걸쳐 만들어진 지구 환경을 파괴하고 있는 것은 아닌지 되물어 보아야 할 것이다. 장구한 세월 동안 도도히 흐르고 있는 낙동강 줄기를 맨손이나 삽과 곡괭이만으로 불과 2년의 시간 동안 지금처럼 파헤치지 못했을 것이다. 수 만년에 걸쳐 형성된 제주도 구름비의 절경이 불과 50년도 버티지 못할 군사기지 조성을 위해 영원히 사라져야 한다는 사실을 접하면서, 과학이 뒷받침하는 탐욕의 과실보다는 자연에 대한 의무와 책임이 더 무겁게 느껴진다. 어쩌면 밤하늘의 별들을 보며 상대성이론이나 우주론에 대해 논하는 것보다 아름다운 우주 대한 경외심을 발동하는 것이 오히려 더 자연스러운 것이 아닐까? 가까운 미래에 아름다운 대자연은 우리가 서로의 소유라고 다툼하기보다는 인류가 보존하고 가꾸어 나가야 하는 유산이라는 인식을 공유하는 날이 올 수 있지 않을까 조심스레 꿈을 꾸어본다.

〈2012년 독도신문 기고 과학 칼럼〉

08

아인슈타인 어깨너머 베토벤 바라보기

 소리는 공기의 진동으로 만들어지는 파동이다. 물리학적인 관점에서 음악을 이해하고 음악을 분석하는 시도를 해보고자 한다. 음악은 인간의 고유한 감성과 관계된 고도의 예술적 활동이다. 아인슈타인은 음악을 과학적인 방법으로 기술할 수 있을 것이나, 물리학적 방법으로 해석한 결과로부터 음악이 주는 아름다움은 느낄 수 없을 것이라고 말했다. 그러나 음악의 요소들을 과학적인 방법으로 해석하는 것이 음악의 본질을 이해하고 기여할 수는 있을 것이다.

1. 음악의 피치

 음악의 피치는 정상파의 주파수에 의해 결정된다. 정상파의 배음과 그들 간의 조합에 의해 3음계, 5음계, 7음계, 그리고 12음계를 만들어

낼 수 있다. 정상파는 공기의 진동인 소리에만 국한되어 나타나는 현상은 아니고 첨단과학 분야인 양자역학에서부터 일상생활에서 접하는 많은 파동에 이르기까지 광범위하게 관찰된다.

- 주어진 경계조건에서 발생할 수 있는 정상파

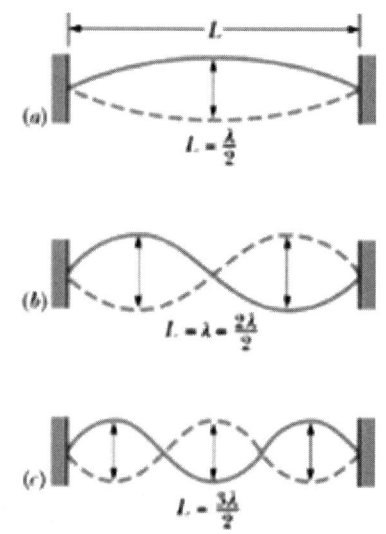

그림 10 양쪽 끝을 잡아준 끈에서 생길 수 있는 정상파

— 피타고라스 음계와 바흐의 평균율의 비교 —

음계		정상파 비율	피타고라스 음계 (Hz)	평균율 비율	평균율 (Hz)	차이 (Hz)	차이(%)
라 (440 Hz)	A	1	440.00	1	440.00	0.00	0.00%
라#	A#	256/243	463.54	$\sqrt[12]{2}$	466.16	2.62	0.56%
시	B	9/8	495.00	$\left(\sqrt[12]{2}\right)^2$	493.88	−1.12	−0.23%
도	C	32/27	521.48	$\left(\sqrt[12]{2}\right)^3$	523.25	1.77	0.34%
도#	C#	81/64	556.88	$\left(\sqrt[12]{2}\right)^4$	554.37	−2.51	−0.45%
레	D	4/3	586.67	$\left(\sqrt[12]{2}\right)^5$	587.33	0.66	0.11%
레#	D#	729/512	626.48	$\left(\sqrt[12]{2}\right)^6$	622.25	−4.23	−0.68%
미	E	3/2	660.00	$\left(\sqrt[12]{2}\right)^7$	659.26	−0.74	−0.11%
파	F	128/81	695.31	$\left(\sqrt[12]{2}\right)^8$	698.46	3.15	0.45%
파#	F#	27/16	742.50	$\left(\sqrt[12]{2}\right)^9$	739.99	−2.51	−0.34%
솔	G	16/9	782.22	$\left(\sqrt[12]{2}\right)^{10}$	783.99	1.77	0.23%
솔#	G#	243/128	835.31	$\left(\sqrt[12]{2}\right)^{11}$	830.61	−4.70	−0.57%
라	A	2	880.00	2	880.00	0.00	0.00%

2. 악기들에서 발생되는 피치와 정상파의 관계

현악기는 현의 양쪽 끝이 고정된 상태에서 현을 진동시켜 정상파를 발생하게 된다. 반면 관악기에서처럼 한쪽 끝이 막혀있는 상태의 플루트에서 마우스피스의 홈에 바람을 불어넣게 되고, 클라리넷의 경우 양쪽 끝이 모두 열려있는 상태에서 바람을 불어 넣어 소리를 발생시킨다. 정상파의 경계조건은 달라지지만, 어떠한 경우이든지 정상파가 발생하는 원리는 동일하다.

- 현악기의 경우

- 플루트의 경우

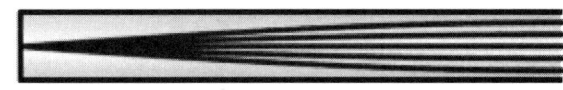

- 클라리넷의 경우

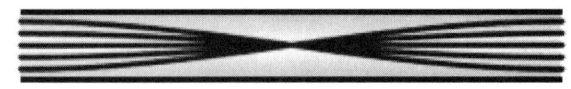

3. 순음과 자연음

순음의 경우 A4의 경우 440Hz의 진동에 대응된다. 그러나 자연음의 경우 A4의 기본음에 배음이 혼합되어 있다. 이는 푸리에 분석을 적용하면 보다 분명하게 나타나며, 고가의 악기에서 발생하는 음의 경우에도 '배음의 조합이 어떤 방식으로 되어 있는지'가 음질을 결정하는 중요한 요인이다.

- 사각 파형을 정상파의 조합으로 합성하는 사례

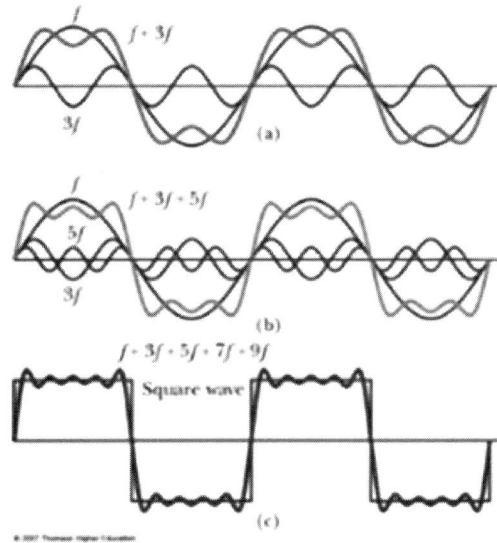

그림 11 정상파들을 적당히 조합하면 모든 종류의 주기함수도 만들어 낼 수 있다.

- 플롯의 G4음을 푸리에 분석한 결과

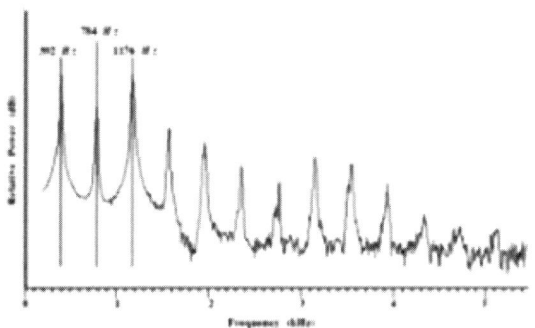

그림 12 플루트의 G4음에 대한 푸리에 분석 결과

4. 시간의 예술인 음악을 공간화 한 사례 - "루벤의 관"

음악은 분명 예술의 세계이지만, 과학적인 방법으로 분석이 가능하다. 전자산업의 발전으로 전자악기들이 전통의 악기들을 보다 유사하게 모방할 수 있는 사례에서 보듯이 우리는 과학을 통해 음악을 보다 정확히 이해하고, 해석하는 것이 가능하게 되었다. 그러나 과학적인 방법으로 음악을 분석하여 음악이 주는 감성을 느낄 수 없듯이, 과학은 음악의 분석에 아주 보조적인 수단으로 사용될 뿐이다. 그러나 음악의 본질에 접근하는 데에 과학은 기여할 수 있는 부분이 있다. 예술을 융합적인 방법으로 분석하는 시도는 지속적으로 추구될 것이다.

그림 13 소리를 시각적으로 표한한 루벤의 관

〈뮤직포럼 강연 원고〉

09

우리나라 교육의 현주소

"수능 = 순응"을 강요하는 입시제도

 단 한 번의 시험으로 대학입학을 결정하는 대학수학능력시험은 비교육적이고 비인간적이며 다양성을 말살하는 입시제도라는 것이 분명하다. 만시지탄이지만, 지금이라도 대입제도인 수능과 우리나라 교육의 문제점과 대안에 대해 같이 고민해 볼 필요가 있다.
 물리학과 교수인 필자도(우리 학과 교수들이 모이면 이구동성으로) '수능 과학탐구영역의 물리 문제를 주어진 시간 안에 풀어 좋은 점수를 받기가 힘들다.'고 고백한다. 문제 풀이 "기술"을 완벽히 습득하지 않고서는 높은 등급의 성적을 받는 것은 도저히 불가능하다. 고등학생들의 가방을 확인해보라. 단언컨대 거기에는 교재가 아니라 문제집이 가득 자리 잡고 있을 것이다.
 우리나라 수험생의 수능 준비는 최소한의 사고능력만으로 최대한 빠른 시간 내에 함정에 빠지지 않고 정확하게 정답을 골라내는 기술을 연마하는 과정인 셈이다. 이러한 수능 제도는 창의적 사고와 다양한 시각을 허용하지 않고 오직 정답만을 찾는 "순응" 능력만을 강요한다. 순응을 강요당한 학생들이 어찌 비판적인 사고를 가지며, 창조적 파괴를 시도해 볼 엄두를 키울 수 있단 말인가?

　대학 내의 곳곳에서는 '학생들이 중고등학교에서 무엇을 배워 대학으로 진학하는지 모르겠다.'고 투정하는 볼멘 목소리가 들린다. 대학수학능력이 부족한 학생들이 대학으로 진학하고 있다는 얘기이다. 대학수학능력을 평가하고자 하는 수능은 이미 그 기능을 상실했다는 뜻이다. 또한 대학들은 자신들의 교육이념에 부합된 학생들을 발굴하려고 노력하기보다는 수능점수를 기반으로 하는 천편일률적인 방식으로 입학생을 선별한다. 최근 수시나 다양한 입학전형이 개발되었으나, 이것 역시 큰 틀에서 보면 유의미한 대안은 아니다. 우리나라는 고등학교까지 습득해 암기한 정형화된 지식으로 만점 받는 요령을 충실히 연습한 학생들에게 이에 대한 포상으로 대학 간판을 메달처럼 달아주고 있다.

그림 14　수능 고사장의 모습. 대학에서 필요한 수학능력이 아닌 수험생을 1등에서 50만등까지 줄 세우기를 위해 치르는 수능 시험은 우리나라 교육 문제의 핵심이다.

이미 대학생의 비판 정신이 사라진 지 오래다. 순응과 순치에 길들여진 암울한 젊은이들의 초상인 셈이다. 한탄스럽지만 이는 우리 젊은이들의 잘못이 아니다. 설상가상으로 대학에 들어오면 또 다른 형태의 수능인 취업시험이 기다리고 있다. 대학교를 다니는 동안 또다시 정답만을 찾아 헤매라고 강요당한다. 이것이 우리나라 교육제도의 현실이다.

입시제도의 변화 없이는 공교육의 정상화를 기대할 수 없다. 어떤 새로운 제도를 도입하더라도 입시제도의 근간인 문제풀이 기술을 훌륭히 습득한 학생이 수능에서 좋은 점수를 받고 이들에게 대학입학증서로 포상하는 제도가 지속되는 한 계속해서 창의성과 다양성은 말살되고 말 것이다. 현재 교육의 현장에서는 실제로 창의성과 다양성이 말살되어 가고 있다! 창의성이 결여되면 학문의 발전은 기대할 수 없으며, 비판적 사고와 다양성이 허용하지 않는 문화풍토가 지속되는 한 민주주의도 그리고 인간성 회복도 모두 우리가 꿈만 꾸어오고 있는 딴 나라 이야기가 된다.

지난 10월 초에 노벨상 수상자가 발표되었다. 언론에서는 볼멘소리로 "일본은 노벨상을 받는 과학자들을 많이 배출하는데, 왜 우리나라에는 노벨상 수상자가 나오지 않는가?"라며 문제를 제기하고 있다. '노벨상을 시험을 통해 받을 수 있다면 나도 받을 수 있을 텐데…'라고 농담반 진담반으로 말한 어느 국내 최고의 저명한 물리학자의 이야기를 상기해 본다. 시험문제를 풀어 학문을 하지 않는다. 어디에도 그렇게 하는 학문은 없다

과학정책 분야도 한번 살펴볼 필요가 있다. 얼마 전 정부는 '2025년까지 세계톱클래스 연구자 1000명 양성하는' 노벨상 프로젝트를 가동한다고 발표하였다. 올림픽 금메달을 따기 위해 국가대표선수들을 태릉선수촌에 입촌시켜 훈련시키는 엘리트 체육인 양성 프로그램의 데자

뷰이다. 무언가 크게 잘못되었다는 느낌을 받는다. 우리에게 필요한 것은 노벨상 프로젝트가 아니라, 탄탄한 과학기술의 "저변확대"이다. 그리하면 당연히 세계적 과학자가 나오고 그 결과 노벨상은 따라오게 될 것이다.

  주어진 시간에 실수하지 않고 요령껏 정답 찾기만을 강요하는 우리나라 교육현실을 고려하면, '창의적인 연구를 해야 하는 과학자를 배출할 수 있을까?'라는 의구심은 당연하다. 발상의 전환이 없는 교육에서는 학문의 발전도 노벨상도 기대할 수 없다.

〈2015년 경대신문 과학 칼럼〉

10

호모 아바리찌아(Homo avaritia)

　현대 인류는 절대 빈곤을 퇴치하고도 남을 만큼 충분한 식량을 생산하고 있으며, 소비가 미덕이라 외치면서 과도한 물질적 풍요를 향유하고 있다. 지구상에 엄연히 존재하고 있는 기아와 절대 빈곤은 적절하고 공정한 분배의 문제일 뿐이다. 국제 비정부 기구(NGO) 옥스팜(Oxfam)의 2017년 보고서에 의하면 세계 최고의 갑부 8명이 보유한 재산이 전 세계 인구의 50%인 36억 명의 총재산과 맞먹는다. 부의 불평등이 극단적으로 심화되고 있음을 잘 보여주고 있다.
　전쟁의 위험을 피해 국경을 넘는 시리아 난민과 가난과 폭력의 공포에서 해방되기 위해 목숨을 걸고 쪽배로 지중해를 건너는 아프리카 난민의 문제는 어제 오늘 일이 아니다. 미국-멕시코 국경에 몰려든 중남미 캐러반은 난민 지위를 인정해달라고 외치고 있다. 이에 미국 트럼프 대통령은 '미국에 대한 침공'이라고 규정하며 미국-멕시코 국경에 미군 병력을 증강하는 것으로 화답하고 있다. 제주도에 입국한 560

여 명의 예멘 국적 난민자를 보면 난민 문제가 더 이상 남의 나라 문제가 아니다. 인권과 자유 같은 보편적 가치는 국경을 넘는 순간 그 의미를 잃고 만다.

'호모 아바리찌아(avaratia, 탐욕)'가 채워지지 않는 탐욕을 갈구하는 우리의 모습이 아닐까? 북태평양에는 한반도 면적 16배 크기의 플라스틱 쓰레기 섬 GPGP(Great Pacific Garbage Patch)이 있다. 죽은 고래의 뱃속에서 29kg의 폐플라스틱이 나왔다고도 한다. 국내에서 분리수거한 재활용 쓰레기의 대부분은 비용 절감이라는 이유로 중국으로 수출하여 처리하여 왔다. 최근 발생한 재활용 쓰레기 대란은 중국 정부가 더 이상 재활용 쓰레기를 수입하지 않다고 결정하면서 불거졌다. 과잉 영양섭치로 인한 각종 성인병의 위험을 줄이기 위해 다이어트에 열중하는 모습이 로마시대 귀족들의 목욕탕에서 맛난 음식을 탐하는 영화 장면과 무엇이 다르단 말인가? 지구 환경을 황폐화시키고, 기아와 질병으로 목숨을 잃는 사람들을 나 몰라라 내팽개치는 일이 스스럼없이 벌어지고 있다. 4차산업혁명의 열매인 자동화와 효율성은 인간소외를 야기한다는 어두운 이면을 내포하고 있다. 탐욕을 채우고 새로운 세계를 추구한다는 것의 궁극적인 목적이 과연 무엇인지 되짚어 볼 일이다.

대학도 어찌 자유로울 수 있는가? 교육기관이라는 특수성 때문에 교수와 학생 간의 갑을 관계, 남녀 성차별 문제, 최근 사회적 문제로 부각되고 있는 미투 문제들이 덮여진다. 2109년 8월 시행되는 강사법 때문에 시간강사 문제가 수면위로 부상하고 있다. 그동안 시간강사들의 소득이 중위소득의 50% 수준 즉 하위 25% 수준이라니 참담하다. 생존권 보장을 위한 최소한의 처우개선을 하겠다는 강사법 개정을 빌미로 삼아 많은 대학들이 졸업학점을 줄이고 전임교원에게 강의 부담을 전가하는 꼼수를 동원하여 시간 강사들을 대량 해고하려는 움직임

그림 15 브라질의 빈부 격차를 한 눈에 알아볼 수 있는 도시 전경

을 보이고 있다. 이것이 현재 우리나라 대학의 자화상이다. 학문후속 세대를 보호하지 않는다면 대학 발전을 위한 선순환 구조는 곧 붕괴될 것이다.

탐욕의 끝은 없다. 자원이 제한된 지구에 살고 있는 호모 아바리찌아가 '소비가 미덕이다.'를 외치고 있다. 그러나 탐욕의 끝은 분명하다. 다소 아쉬움은 있으나 이만하면 충분하다는 인식을 언제쯤 공유할 수 있을까? 나와 다른 사람, 그리고 도움이 필요한 이웃과 함께 살아가는 세상을 꿈꾸는 것은 불가능할까? 무언가 잘못되고 있는 것을 고치려면 불편함이 따르게 마련이다. 가진 사람이 내어놓아야 한다. 이것이 호모 아바리찌아가 아닌 호모 사피엔스로 살아가는 길이다.

〈단상〉

11
기억의 화살

| 미래의 기억을 얘기하는 것은 불가능하다

   지난 휴가에 친구들과 멋진 해변에서 붉게 물든 저녁노을을 바라보면서 잘 차린 저녁을 먹으며 즐겁게 시간을 보낸 기억을 떠올리고 미소를 짓고 있다. 우리가 무엇을 기억한다는 것은 어떤 경험에 대한 정보를 가지고 있다는 것이다. 물리학에서 자연 현상을 해석하려면 우선 탐구의 대상을 관측해서 정보를 습득해야 한다. 정보 이론은 정보제공자, 채널 그리고 수신자를 모형화하여 정보 전달을 연구한다. 정보제공자는 정보를 만들어 전달하고, 채널은 정보를 특정한 방식의 메시지로 변경해 수송하며, 수신자는 전달받은 메시지가 어떤 의미인지 추론해 내는 역할을 담당한다. 엔트로피는 통계 역학적 관점에서 무질서도 또는 불확실성을 의미한다. 마구 어질러 놓은 공부방은 무질서하고 엔트로피가 높은 상태이다. 엉망진창인 방에서 원하는 책을 찾기는 쉽지 않다. 엔트로피가 높은 상태를 정보가 부족한 상태로 이해하면 된다. 이러한 의미에서 정보를 잃어버린 정보, 음의 정보 또는 네겐트

로피라 부른다.

주사위 던지기 놀이를 하는 경우 1, 2, 3, 4, 5, 6 중에 특정한 수가 나오는 확률은 각각 1/6이고, 가능한 총 경우의 수는 6이다. 정보를 경우의 수와 각 사건이 일어나는 확률을 이용해서

$$I = \sum_{i=1}^{\Omega} p_i \log p_i + I_0$$

와 같이 정의할 수 있다. 주사위 놀이 경우에 대해 늘어난 정보를 계산해 보면

$$I - I_0 = \sum_{i=1}^{\Omega} p_i \log p_i = \sum_{i=1}^{\Omega} \frac{1}{\Omega} \log\left(\frac{1}{\Omega}\right) = \log\left(\frac{1}{\Omega}\right) = -\log \Omega$$

와 같이 표현할 수 있다. 이제 위에서 정의한 정보와 엔트로피의 정의 $S = k_B \log \Omega$를 비교하자. 단위를 맞추기 위해 곱해준 볼쯔만 상수 k_B를 제외하면 정보는 부호가 바뀐 엔트로피와 같다. 정보는 음의 엔트로피 또는 네겐트로피라고 부르는 이유가 확실하게 드러난다.

어떤 대상을 측정하여 정보를 얻으면 엔트로피가 감소하는데 그렇다면 '엔트로피는 감소하지 않는다.'는 열역학 제2법칙을 위반하는 것은 아닌지 궁금해진다. 측정 대상의 엔트로피는 감소하지만 측정하는 사람의 엔트로피는 이보다 더 많이 증가해 측정 대상과 측정하는 사람을 포함한 고립계의 총 엔트로피는 증가하므로 열역학 제2법칙이 위반되지 않는다.

기억의 화살은 엔트로피의 화살과 직접 연결되어 있다. 고립계의 총 엔트로피는 감소할 수 없는데, 기억하기 위한 정보는 네겐트로피이므로 엔트로피가 증가하는 미래의 정보를 가질 수 없고 엔트로피가 낮았던 과거에 대한 기억만 가질 수 있다. 다시 말해 미래에 대한 정보를

가지고 있다는 말은 미래의 엔트로피가 낮아져야 한다는 뜻이 되므로 물리법칙 중에서 가장 확실한 법칙인 열역학 제2법칙을 위반하게 된다. 미래에 대한 기억을 이야기하는 예언자나 점성술사는 물리학자의 입장으로 보면 가장 확실한 거짓말쟁이인 셈이다.

「공간속의 시간, 시간속의 공간, 그리고 우리」
(이형철, 북스힐 2020)

제**2**부

공연히 참견하며
세상을 향해 전하는 이야기

지식인이란
자신과 무관한 일에 쓸데없이 참견하는 사람이다.
장 폴 사르트르의 「지식인을 위한 변명」에서

12
다름을 인정하는 사회를 꿈꾸며

    2018년 여름의 무더위를 힘겹게 견뎌내고 눈부시게 푸르른 하늘을 만끽하는 가을을 맞이했지만, 예멘 난민과 외국인 노동자 문제가 외면하기 힘든 멍울로 가슴 한 곳을 자리 잡고 있다.
    2018년 5월까지 561명의 예멘 국적자가 제주도에 입국하였고, 이들 중 519명이 난민 신청을 하였다. 이러한 사실이 언론에 보도되면서 예멘 난민 문제가 사회적 이슈로 부각되었다. 우리사회 전반에 자리잡고 있는 '무관용과 다름에 대한 적개심'과 궤를 같이하며 무슬림 난민 포비아가 확산되고 있다. 인터넷 소셜 미디어에서 "예멘 난민들은 일자리를 빼앗으러 온 가짜 난민이다."에서부터 시작하여 "무슬림은 잠정적 테러 집단이다."에 이르기까지 온갖 편견과 혐오가 여과 없이 전파되고 있다. "인도주의적 차원에서 난민 신청자들을 무작정 수용하면 우리 사회는 감당하기 어려운 부담을 지게 될 것이다."라는 제법 논리적 주장을 펼치는 이도 있다. 국내 언론도 '이슬람 난민 점령'과 '난민 쇼크'

그림 16 예멘 난민의 수용을 반대하는 집회

와 같은 자극적 언어를 총동원하여 난민에 대한 부정적 인식을 확산시켰다. 급기야 외교부는 2018년 6월 1일부터 예멘을 무비자 입국 가능국에서 제외시키는 조치를 취하기에 이르렀다.

인류가 지켜야하는 보편적 가치의 관점보다는 우리 역사를 반추하며 난민 문제에 대해 고민하려 한다. 대한민국 헌법은 "유구한 역사와 전통에 빛나는 우리 대한민국은 3.1운동으로 건립된 대한민국임시정부의 법통…"으로 시작한다. 헌법에 명시된 임시정부도 일제 강점기 동안 애국지사들이 중국 상해로 건너가 수립한 망명정부였음을 기억해야 한다.

독일은 2015년 상상을 초월하는 규모인 120만 명의 난민을 받아들였다. 이런 대규모 난민을 수용한 결과 독일이 국가적 위기 상황에 처해 있다는 소식을 들어 보지 못했다. 난민 수용은 사회적 희생을 동반하지만, 분명 사회적 합의로 해결할 수 있는 문제이다. 우리나라도 이제 경제 규모에서 세계 10위권으로 도약하였다. 500명 남짓한 난민 문제로 '난민 쇼크'를 운운하는 것은 혹세무민(惑世誣民)의 전형이다.

그림 17 파독 간호사. 1965년부터 10여 년 동안 1만 8천여 명의 간호사와 광부가 독일로 파견되었다.

난민 문제와 더불어 외국인 노동자 문제도 양심을 짓누르고 있다. 우리는 경제적으로 어려웠던 1965년부터 1977년까지 독일에 1만 8천여 명의 광부와 간호사 인력을 파견하였다. 독일에서는 외국인 노동자를 'Gastarbeiter(손님노동자)'라 부른다. 손님노동자라는 용어 자체가 함의하는 바가 크다. 물론 독일에도 외국인 차별이 존재한다. 하지만 우리나라에서 자행되고 있는 인권침해나 임금 착취와 같은 반인륜적 차별을 독일에서는 상상조차 할 수 없다. 파독 노동자들은 우리의 누이였고 형제들이었다. 독일 유학기간동안 간호사로 근무하시던 많은 분과 지낸 시간을, 그리고 특히 동향의 친한 누나가 살던 독일 집을 방문해서 가졌던 추억을 생생히 기억한다.

난민과 외국인 노동자 문제가 남의 문제가 아니라는 것이 분명해졌다. 우리의 역사이고 우리 형제자매들의 삶이었다. 언제부터 우리나라가 잘살아졌다고 힘들었던 과거의 기억들을 송두리째 지워버리려 하는가? '다름'은 다양성의 자양분이다. 그리고 그 다양성이 건강함을 꽃피운다.

단언컨대 대학이 인권, 관용과 같은 보편적 가치를 논하지 않는다면 우리에게 미래는 없다. '나와 다름을 인정하고, 다름이 틀림(wrong)이나 잘못(sin)이 아닌 사회'를 꿈꾸어 본다.

〈경대신문 기고문〉

13

스테판 에셀의 「분노하라 INDIGNEZ VOUS!」를 다시 읽었다.

93세의 프랑스 노투사의 생생한 육성을 담은 책이다. 몇 문장만 옮기려 한다.

- 93세, 이제 내 삶의 마지막 단계에 온 것 같다.

- 오늘날 우리에게 그 어느 때보다도 필요한 것이 이러한 원칙과 가치들이다. 우리가 몸담고 사는 사회가 자랑스러운 사회일 수 있도록 그 원칙과 가치들을 다 같이 지켜나가는 것이 우리가 할 일이다.

- 나는 여러분 모두가, 한 사람 한 사람이, 자기 나름대로 분노의 동기를 갖기 바란다. 이건 소중한 일이다. 내가 나치즘에 분노했듯

이 여러분이 뭔가에 분노한다면, 그때 우리는 힘 있는 투사, 참여하는 투사가 된다.

- 맞다. 분노의 이유가 오늘날에는 예전보다 덜 확실해 보일 수도 있다. 아니면 세상이 너무 복잡해진 것일 수도 있다. 누가 명령하며, 누가 결정하는가? …중략… 나는 젊은이들에게 말한다. "제발 좀 찾아보시오. 그러면 찾아질 것이오."라고. 최악의 태도는 무관심이다. "내 앞가림이나 잘할 수밖에…" 이런 식으로 말하는 태도다. 이렇게 행동하면 당신들은 인간을 이루는 기본요소 하나를 잃어버리게 된다. 분노할 수 있는 힘. 그리고 그 결과인 '참여'의 기회를 영영 잃어버리는 것이다.

〈단상〉

14
다양성의 시대, 교수다움이라?

　이순(耳順) 바라보는 나이임에도, 어려운 일이 생기면 의견을 여쭈어 보던 원로 교수를 찾고 그리워하는 미숙함을 떨쳐 낼 수가 없다. "요즈음 우리 사회에 원로를 찾아볼 수 없다."라는 자조 섞인 투정을 자주 듣게 된다. 서로 다름이 존중되고 자신만의 개성이 강조되는 다양성의 시대에서 '타인에게 모범을 보이는 것과 시대정신을 선도하는 날카로운 지성'은 이미 색바랜 화석으로 변해버리지 않았는가 걱정된다.
　'가치와 가격', '자존감과 자존심', 그리고 '신념과 고집'을 구별하지 않고 살아간다. 가치 있는 것에 높은 가격을 매겨지는 것은 당연하지만, 비싼 것이 반드시 가치 있는 것은 아니다. 가격은 거래 과정에서 가치를 화폐 단위로 표시한 것에 불과하지만, 가치는 본연의 유의미성을 칭하는 것이다. 자존심은 남에게 자신을 굽히지 않고 스스로를 지키려는 마음으로 남과 나 사이의 갈등 관계 속에서 발현한다. 하지만 자존감은 자신을 존중하고 사랑하는 마음으로 내면의 가치이다. 고집은 옳고 그름을 따지지 않고 자신의 의견을 바꾸거나 고치지 않으려 굳게 버티는 것이라면, 신념은 사상이나 생각을 굳게 믿으며 그것을 실현하려는 의지인 셈이다. 가치와 자존감 그리고 신념은 자신이 풍성해졌을 때 풍겨 나오는 향기라면, 가격과 자존심 그리고 고집은 고단한 삶의 여정에 스며드는 거북한 냄새다.

교수 업적 평가와 연봉 그리고 연구비 수주에 목메는 나를 발견하고는 발가벗은 내 모습에 밀려드는 부끄러움을 외면할 수 없다. 돌이켜 보면 내가 벌써 존경하는 선배 교수님들의 나이가 되었건만, 여전히 교수다움을 가슴에 새기지 못하고 있다. "붉게 물든 석양을 바라보며 아름다움을 만끽했던 경험이 오래되었다면, 당신은 삶을 잘못 살고 있다."고 했던 이야기가 떠오른다. 로마 시대 정치가이며 문학가이자 철학자였던 키케로(Marcus Tullius Cicero, BC 106-BC 43)가 남긴 "네가 왕과 동행할 때 마음이 흔들리지 않으며, 거지와 같이 있을 때 그를 업신여기지 않으면, 너는 인격자다."라는 명언을 되새겨 본다. 금력과 권력을 탐하고 학생과 강사들 앞에서 거들먹거렸으니 나는 소인배임이 분명하다.

2019년 강사의 신분보장과 처우 개선을 위한 강사법이 시행되었다. 우리가 강사를 학문 공동체의 일원으로 받아들이고 동료 교원으로 인정하고 있는지 반문한다. 강사의 처우 개선에는 반드시 비용이 소요되는데, 어느 누구도 부담이나 희생을 지려고 하지 않는다. 누군가가 또 죽음으로 호소를 해야만 그들의 목소리에 귀 기울일 것인가? 강사법이 처우 개선이 아닌 처우 개악의 수단으로 활용되고 있는 사례를 목도하고 있다. '국립대학 선진화 방안'이라는 허울 아래 도입되었던 총장간선제의 폐해에 시달리던 국공립대학교는 총장직선제를 부활시켰다. 하지만 학생과 직원은 총장 선거 참여 비율을 높여달라고 목소리를 높인다.

그림 18 석양이 물든 모습을 바라보며 여유로움을 즐긴 기억을 더듬어 본다.

다양성이 강조되는 시대에서 교수의 독점적 결정권을 계속 고집할 수는 없다. 비교원의 총장선거 참여 비율은 지속적으로 상향 조정될 것이 분명하다. 대학사회의 가장 약자에 해당하는 강사의 참정권 보장에도 관심을 기울여야 한다. 우리가 서로 이해하고 상호존중하며 합의 도출에 주저하지 않을 때, 교수로서 자존감을 회복할 수 있고 대학의 존재 가치를 찾을 수 있다.

  드디어 2020년 새해 붉은 태양이 떠올랐다. 신념과 가치를 지키고 자신을 사랑하는 교수는 존중받는다. 경자년(庚子年) 새해에는 나도 교수답고 싶다. 석양을 관조하는 여유로운 사치도 누리고 싶다.

〈교수신문 2020년 신년사〉

15

"공감, 연대 그리고 참여!"

경북대 신문의 창간 63주년을 진심으로 축하한다. 이제 보다 충실히 대학 언론으로서의 역할을 수행하기 위해 더욱 자기반성의 노력을 게을리 하지 말아야 할 것이다. '언론은 두 개의 얼굴을 가진 감시견이어야 한다.'는 말이 있다. 사회를 향해 감시하며 짖어대는 감시견 본연의 책무에 충실하면서도 아울러 자기 자신을 바라보며 감시하는 데에 게을리 말아야 한다는 뜻이다. 언론은 보도 기사를 통해 객관적인 사실을 전달하고 사설이나 컬럼 등을 통해 사회를 계몽하고 여론을 주도하게 된다. 경북대 신문은 시대의 감시견으로서 학내뿐만 아니라 사회전반의 여론을 주도하는 역할을 위해 가일층(加一層) 매진해야 한다.

21세기 과학문명의 발전과 신자유주의가 촉발한 급격한 사회의 재편으로 인해 인류 공동체는 불안정해지고 인간 존엄성의 가치는 심각하게 훼손되고 있다. 우리나라의 심각한 수준의 청년실업률은 그 단면이다. 인문계 대졸자의 취업률은 46%에 불과하고 청년취업률은 40% 수준이라니 걱정스럽다. 취업자의 여집합은 비취업자이므로 직업을 갖지 못한 비취업자의 비율은 50% 이상이 된다. 현 추세가 계속되면 비취업자가 직장을 얻게 될 확률은 미미한 수준에 머무르게 될 것이다. 오늘의 청년들이 사회의 주역인 30세 중반이 되는 10년 후, 즉 2025년 즈음에 이들 중 2명에 1명은 멀쩡한 직업을 가져보지도 못한 채 청년기를 보냈다고 말하게 될 것이다. 나아가 이들이 노년층이 되는 40년 후는 어떨 것인가? 그 대답은 논의조차 필요 없는 불문가지(不問可知)이다. 더 이상 청년실업문제는 개인이 해결해야 하는 문제가 아니다. 소수의 청년들이 취업을 못하고 있다면 경쟁사회에서 발생하는 필요악으로 치부할 수 있을 것이다. 그러나 대한민국 청년실업은 분명 우리사회의 구조적 문제이다. 사회의 양극화도 간과할 수 없다. 심화되는 '부익부 빈익빈'은 바람직하지 못한 현상이라는 데에 모두가 동의한다. 그렇다면 심화되는 갈등 요인을 해소하는 데에 우리사회가 얼마나 노력하고 있는지 되물어 볼 수밖에 없다.

국가의 주인인 국민들의 마음은 무뎌져있다. 대학 현안에 대해 교수들은 물론 대학생들의 마음도 무뎌져 있다. 넓게 보면 사회적 전반에서 정치인과 사회지도층들이 기득권을 강화시키려고 세력을 결집하고 있다. 좁혀 보면 교육부 관료와 본부의 보직자들이 무소불위의 권한을 행사하여 작금의 경북대의 파행이 초래되었다.

그들에게는 결정권이 위임되어 있을 뿐이다. 감시받지 않는 권력은 위험하다. 우리는 이들의 횡포에 무뎌져가고 길들여지고 있는 것은 아닌지 반문해본다. 어느 성직자의 묘지에 가면 '*Hodie mihi, cras tibi*(오늘은 나, 내일은 너)'라는 경구가 쓰여 있다. 우리는 타인의 아픔을 애써 외면하면서 살아가는데 익숙하다. 지금 어려움에 처해있는 이웃의 아픔을 도외시하면 내일 그 아픔의 주인공은 내가 될 것이다.

현 정부의 위법적 횡포에 길들여져 항의조차 못하고 순응하는 우리 모두가 경북대 사태의 공범임을 자인해야 한다.

"아니다!, 이것은 불가능하다!"라고 외칠 때 비로소 바뀔 수 있다. 지난 8월 17일 대학의 민주화와 민주주의의 수호를 위해 몸을 바친 부산대 故 고현철 교수의 희생을 기억하고자 한다. 그는 후학들과 동료들에게 남긴 마지막 절규에서 '대학의 민주화는 진정한 민주주의 수호의 최후의 보루이다. …(중략)… 그래야 무뎌져 있는 민주주의에 대한 의식이 각성이 되고 진정한 대학의 민주화 나아가 사회의 민주화가 굳건해질 것이다.'라고 외치고 있다.

경북대인들에게 고한다.『타인의 아픔을 공감하고, 그들과 연대하며 문제 해결에 적극적으로 참여하자!』그리고 경북대 신문에게 요청한다. 사회와 대학의 진정한 파수꾼인 감시견의 역할을 당당하게 수행하라!

〈2015년 경대신문 사설〉

16

여정남 열사 추모사

여정남 열사께서 민주화와 민족 통일을 외치시며 님의 뜻을 온몸으로 실천하였던 경북대학교 교정에 꽃들이 활짝 피었습니다. 여정남 열사님의 44주기를 맞아 열사님의 고귀한 뜻을 되새기기 위해 우리는 오늘 다시 이 자리에 모였습니다.

60년대부터 80년대에 이르는 시기에는 절대 탈출, 민주화 그리고 냉전 극복과 같은 선명한 사회 문제를 극복해야 했습니다. 하지만 2019년 현재 우리에게 주어진 임무는 환경, 불평등, 사회적 갈등 구조와 같은 문제들의 해결입니다. 비록 70년대처럼 극단적인 희생이 요구되고 있지는 않지만 21세기의 갈등 구조는 훨씬 교묘하고 잘 준비된 형태로 우리를 위협하고 있습니다.

지난해 봄부터 싹튼 한반도의 긴장 완화와 남북화해 분위기는 다시 주춤하고 있으며, 오히려 큰 위기에 봉착해 있는 것으로 보입니다. 가진 자와 소외받는 자, 그리고 기성세대와 젊은 세대 간의 갈등과 불평등도 우리 세대가 감당해야 할 책무입니다. 동시대를 살아가고 있는 이웃, 심지어 가족 사이에도 극복할 수 없는 의견 차이가 생겨나고 있습니다. 인간다운 생활을 영위하기 위한 최소한을 보장하는 최저임금 인상은 거스를 수 없는 시대적 요구이지만, 우리사회는 이를 수용하기 버거워합니다. 사용자와 근로자 사이의 이해관계는 극명하게 표출되기까지 합니다. 정규직과 비정규직 특히 대학의 교수와 강사 사이에는 상상을 초월할 정도의 신분과 처우의 차이가 상존합니다.

여정남 열사님께서는 인간들이 함께 행복하게 살아가는 그런 사회를 꿈꾸셨습니다. 불평등을 해소하기 위해서는 가진 자가 내어놓아야 합니다. 남북문제 해결을 위해서는 이미 선진국의 대열에 들어선 남쪽이 손을 내밀어야 합니다. 자기희생 없는 구호는 기만일 수밖에 없습니다.

1975년 4월 9일 서대문형무소 사형장에서 이슬로 사라져간 여덟 분의 민주열사의 뜻을 받들기 위해 모인 우리는 온 국민이 인간답게

그림 19 경북대학교 교정에 조성된 여정남 공원

살아갈 수 있는 국가, 그리고 피부색깔을 구분하지 않고 서로 존중하고 아껴주는 보편적 인류애를 구현하기 위해 한 걸음만이라도 나아가겠다는 다짐을 합니다.

    열사님의 숭고한 뜻은 따스한 햇살이 되어 여정남 공원을 가득 비추고 있습니다.

〈여정남 열사 44주기 추모식에서〉

17

대구예술대학교 故 한덕환 교수를 추모하며

또 한 명의 아까운 인재가 희생되었다. 지난 해 12월 22일 대구예술대학교 故 한덕환 교수의 죽음은 사학재단의 갑질과 횡포라는 문제를 넘어서서 한국 대학 전체에서 벌어지고 있는 학문의 자유에 대한 경시 풍조와 맞닿아 있기에 우리 대학 사회 전체에 비통함과 충격을 안겨주고 있다.

故 한덕환 교수는 대구예술대학교 재단의 비리, 특히 학위장사 의혹 등을 알리며 학자로서의 양심을 지키려 노력하였고 이와 관련한 재단의 압박과 탄압에 맞서 싸웠지만 한 개인으로서의 한계를 넘지 못하고 죽음으로써 재단과 관련자들의 악행을 고발하였다. 학교를 치부의 수단으로 삼으며 정작 중심이 되어야 할 학문과 교육은 뒷전인 사학재단의 비리는 어제오늘의 문제가 아니었다. 총장은 재단의 충실한 대리인으로서의 역할을 수행하고, 재단의 유일한 견제세력인 교수들은 각종 징계와 협박 회유를 통해 무력화되는 고질적인 사학의 병폐가 오늘날

故 한덕환 교수의 비극을 만들어 낸 것이다. 대구예술대학교는 故 한덕환 교수를 비롯한 교수들의 수업을 감시하고 불법적인 사찰을 자행하였으며 항의하는 교수들은 징계와 재임용 탈락 등의 방법으로 탄압했다. 이러한 사학의 작태가 번듯이 자행되고 있는 상황에서 정부와 교육당국은 무엇을 하고 있는 것인지 묻지 않을 수 없다.

우리나라 헌법에서는 학문의 자유가 보장되어야 함을 명기하고 있고 이는 교수들이 자신의 양심과 판단 하에서 교육과 학문 활동을 수행할 수 있어야 함을 의미한다. 그러나 이러한 이상은 온데간데없고 대한민국의 사학은 비리의 온상으로 자리매김하고 있다. 사학이 사유재산이므로 이에 대한 개입은 시장경제 논리에 맞지 않는다는 주장을 하는 이들도 일부 있다. 그러나 이는 대학의 자율성을 보장하는 것과는 거리가 먼 주장이다. 대한민국의 사립대학들은 국공립 대학교에 못지않은 정부의 지원을 받으면서도 인사나 채용과 관련한 문제에서 정부의 실질적 감시에서 벗어나 있다. 대학의 자율은 재단의 비리를 감싸기 위한 도구가 아니다. 국공립대학에 대해서는 시시콜콜한 예산의 사용부터 교육 연구 전 분야에 걸쳐 간섭과 개입을 즐겨하는 교육부가 왜 사립대학의 반교육적, 반민주적 상황에는 뒷짐 지고 있는지 묻지 않을 수 없다. 사립대학도 국민의 막대한 세금이 투여된 공공재이다. 혹시나 사학재단에 대한 관용이 재단과 깊은 관계를 가진 이들이 정치권에서 막대한 권력을 휘두르고 있는 현실과 무관하지 않은 것은 아닌가하는 의구심을 떨칠 수 없다. 물론 대학은 학문의 자유를 지키기 위해 어떠한 정치적 권위나 경제적 권력으로부터도 자유로워야 한다. 그러나 그러한 자유가 재단이 대학을 사유재산처럼 멋대로 운영해도 된다는 것을 의미하는 것은 아니다. 사학재단과 총장의 횡포는 철저히 견제되어야 한다. 대학의 자율은 교수들이 재단과 총장의 과도한 권한을 견제할 수 있고, 또한 교육과 연구와 관련한 상황에서 교육의 주체인 교수들이 참여할 수 있을 때 비로소 가능하다.

이러한 점에서 우리는 2004년 용두사미로 끝나버린 사립학교법을 재개정하고 그 속에 대학평의원회를 교원이 주도적으로 구성하도록 명시할 것을 요구한다. 이러한 사학법 개정이야 말로 제2의 故 한덕환 교수가 나타나지 않도록 방지하는 유일한 방법일 것이기 때문이다. 이에 우리 전국국공립대학교수회연합회는 대구예술대학교 사태와 관련하여 다음과 같이 주장한다.

- 대구예술대학교의 비리 의혹에 대한 교육부의 전면적 조사를 실시하라!
- 故 한덕환 교수의 죽음에 책임이 있는 관계자 전원을 조사하고 처벌하라!
- 대구예술대학교 교수협의회 소속 교수들의 징계와 재임용 탈락 처분을 취소하라!
- 사립학교법을 전면 재개정하라!

〈故 한덕환 대구예술대학교수 추모식에서〉

18
성주 사드 배치와 관련하여

무척이나 더웠던 지난여름 사드 성주 배치와 관련하여 TV 뉴스 인터뷰를 위해 성산포대를 방문한 적이 있다. 당시 정부는 성산포대가 사드 배치 최적의 후보지란 말을 반복하고 있었다.

성산포대를 다녀온 후 내가 한 말이다. 만약 내가 사악하게 생각한다면(아니길 바라지만) "성산포대가 최적의 후보지인 단 하나의 이유는 단지 현재의 포대를 철수시키고 새로운 사드부대를 배치하기 가장 손쉽기 때문일 것이다."라고… 성주군민의 안전 따위는 전혀 고려대상이 아니었다고.

진정 유감스럽게도, 내 추측이 옳았다고 국방부가 시인했다. 2016년 9월 30일자 한국일보 기사를 인용한다. 성주골프장이 최적이 후보지라고 설명하면서 밝힌 내용이다.

국방부는 이에 대해 "당초 군은 비용과 소요 기간 등을 감안해 국유지만을 대상으로 부지를 선정하였기에 성주골프장은 고려할 수 없었다."고 설명했다.

성주군민의 **뺨**을 때리니, 성주군민들이 반발했다. 두 대 맞을래, 아니면 한 대만 맞고 말래? 한 대만 맞겠다고? 그럼 성주골프장이다. 알겠지?

정말 이래도 되는가?

<단상>

19

역사교과서 국정화 논란에서
우리의 민낯을 본다.

역사교과서 국정화 논란의 핵심을 파악하는 것은 무척 간단하다.

역사학자와 사학과 교수들의 대다수가 국정화에 반대하고 국정교과서 집필에 참여하지 않겠다고 선언하고 있으니, 국정화 시도의 의미는 시시비비조차 가릴 필요도 없이 명백하다.

역사교과서 논란의 와중에서 섬뜩함을 온몸으로 느끼고 있다.

정부와 여당, 그리고 이들과 뜻을 같이 하는 보수언론과 기득권 세력들의 주장이 '현행 역사교과서에는 이런 이런 부분이 잘못 기술되어 있어 수정이 필요하다.'는 데에 있다면(비록 동의하기 어렵겠지만), 그들의 의견을 경청하고 같이 논의해 볼 필요가 있다. 다양성을 인정하는 것이 민주주의이기 때문이다. 그러나 그들은 '역사교과서의 국정화'를 주장하고 있다. 한 걸음 더 나아가 '올바른 역사교과서를 집필하겠다.'고도 말한다. 이것이 진짜 문제이다.

1. 국정교과서의 사전적 정의는 '교육부가 저작권을 가지고 편찬하는 교과서'이다. 교육부가 '올바른 역사교과서'를 편찬하겠다고 하니, 자신들이 편찬하면 올바른 교과서이고 다른 사람들의 것들은 '올바르지 않은 교과서'라는 뜻이 된다. 유감스럽게도 실제로 현행 검인정 역사교과서들이 잘못되었다는 주장이 난무하고 있다. 나만 옳고 나와 뜻을 달리하는 다른 사람들은 옳지 않다는 말인데, 이런 독단이 어디 있는가?

2. 많은 국민들이 그리고 대다수의 역사학자들이 역사교과서의 국정화를 반대하고 있으나, 정부와 여당은 이를 무시하고 밀고 나가려 한다. 나찌 정권의 선전장관 괴벨스가 말한 '권력을 가진 자가 권한을 가진다.("Wer Macht besitzt, bekommt dann auch sein Recht!")'라는 문구가 떠오른다. 권력을 장악했으니, 마음대로 밀고 나가려는 것이 아니길 바란다. 섬뜩하다.

3. 역사교과서의 국정화가 끝이 아니다. 시작일 뿐이다. 종편을 통한 언론 장악에 이어 이제는 역사교과서를 그들의 입맛에 맞도록 편찬하겠단다. 정권유지를 위해 무엇이든 다할 태세이다. 다음에 내놓을 카드가 무엇인지 걱정되고 염려스럽다.

4. 자연의 원리를 기술하는 물리학에서 조차 올바른 학설은 없다.

주어진 자연현상을 가장 잘 기술하는 이론만 있을 뿐이다. 하물며 역사의 기술에 '올바른'이란 단어를 쓰는 것은 언어도단이다. 또한 국정 역사교과서 집필을 책임질 것으로 예상되는 국사편찬위원회 위원장은 '근·현대사에는 역사가만이 아니고 정치사, 경제사, 사회문화 전반을 아우르는 분들을 초빙해 구성할 계획'이라고 밝혔다. 앞으로 국어교과서와 물리교과서 집필에도 경제학자와 사학자 그리고 정치학자를 포함시키자. 더 이상 논의가 필요가 없다. 입만 아프다.

5. 지금 역사교과서의 국정화를 막지 못한다면, 앞으로도 민주주의에 대한 도전을 막아낼 수 없다. 우리는 현 정권 아래서 '귀족 노조', '방만한 공기업', '나태한 공무원', '우간다보다 못한 금융권'을 운운하며 하나 하나씩 털어내기를 할 때, 내 일이 아니다라고 무관심했다. 걱정마라! 조금만 더 기다리면 분명 당신도 차례가 되고 다른 일도 벌어질 터이니!

6. 일제의 쌀 수탈을 수출이라고 주장하고 전직 대통령이 변형된 공산주의자이며 지난 대선당시 야당 후보자의 사상을 알고 찍었다면 이적행위 동조자라고 서슴지 않고 주장하는 이들이 득세하고 있다. 국민의 반을 후보자의 사상도 모르고 투표한 덜 떨어진 인간이거나 이적행위 동조자로 폄하하는 사람이 방송문화진흥회 이사장으로 재임하고 있으며 일제의 수탈 정책을 정당화하는 사람이 국정교과서를 집필하게 된다면… 생각만 해도 아찔하다. 우리나라의 앞날이 걱정된다.

7. 국정화 논란은 역사교과서에 실리게 되는 내용만이 문제가 아니다. 우리가 앞으로 민주주의를 지켜나갈 수 있을지 판단하는 시금석이라 생각한다. 나와 다른 생각을 하는 사람들을 사상 검증을 하며 탄압할 시대가 다가오지 않으리라고 장담할 수 있을까? 이러한 걱정이 그냥 기우이길 바랄 뿐이다.

우리 모두 서로 다른 의견들을 청취하고, 열린 마음으로 논의하고 합의를 도출하는 노력을 경주해야 한다. '역사교과서 국정화'의 대안은 진정 찾을 수 없는지 서로 머리를 맞대고 논의해보자. 이글이 그냥 독설이 아니길 바란다.

아직 희망은 있다.

〈단상〉

제3부

대학다움을 바라며 풀어낸 대학 이야기

대학을 지배해야 하는 원리는 고독과 자유이다.
빌헬름 폰 훔볼트

20

실패한 국립대학 교원의
성과급적 연봉제를 폐지하여야 한다!

    교육부는 2011년 국립대학 선진화 방안의 일환으로 '국립대학의 경쟁력 강화, 우수 교원의 유치, 대학의 선진적 보수체계 구축'이라는 명분을 내세워 '국립대학 교원 성과급적 연봉제' 도입을 발표하고 단계적으로 시행하고 있다. 전국국공립대학교교수회연합회(국교련)는 성과급적 연봉제가 도입될 시기부터 '평가시기에 따른 누적가산금의 형평성과 시간이 지날수록 심화되는 누적성과가산금 격차 문제, 전문성이 다른 전공 간 상대평가의 부적절성, 논문 중심의 업적 관리로 인한 교육과 학생지도 책무의 소홀 등이 야기하게 될 대학사회의 혼란과 분열, 교육과 중장기 연구의 질적 저하'를 문제점으로 지적하였다. 2014년 당시 황우여 교육부 장관도 성과급적 연봉제의 문제점을 인정하고 폐지를 약속하였으나, 2015년 교육부는 이 제도를 부분적으로 보완하는 시늉만 한 채 근본적인 해결책을 제시하지 못하고 있다.

그림 20 국립대학 제도 개선을 요구하는 현수막

　독일 철학자 헤겔(Georg Wilhelm Friedrich Hegel)은 '대논리학(Wissenschaft der Logik)'에서 "형식이 내용을 지배한다."고 하였다. 현행 성과급적 연봉제의 핵심으로 '제로섬(zero-sum) 방식의 상호약탈식 구조와 성과급의 일부가 기본 연봉에 가산·누적되는 누적방식'을 꼽을 수 있다. 업적 평가에서 하위 등급을 받은 교원의 연봉을 빼앗아 상위등급을 받은 교원에게 지급하는 상호약탈식 성과급제는 교수간의 무한 경쟁을 부추기고 학문공동체를 파괴하고 있다. 현행 국립대학 교수의 업적평가 제도는 합리적인 성과측정과 등급부여를 통한 동기부여가 아닌 개별 교수들 사이의 순위경쟁에 불과하다. 결국 교수들은 자신의 업적을 향상 시키는 것 보다 자신의 등급을 떠받혀줄 동료 교수를 찾는데 관심을 기울일 수 밖에 없다. 국립대학의 경쟁력 강화라는 당초의 목적에 부합하지 않는 잘못 설계된 성과급적 임금 체계이다. 또한 매년 실시되는 업적 평가에서 높은 등급을 받으려면 연구의 질보다는 단기성과에 매달려야 하는 부작용을 낳고 있다. 연구 완성도를 갖춘 논문보다는 학술지 심사 기준을 통과할 수준으로 쪼개어 양적 성과를 추구하기도 한다. "한국 학자들은 버리기에는 아깝고, 읽기에는 시간 낭비인 논문들을 양산한다."는 비판을 듣기도 한다. 저명 학술지에 평론 논문(review article)을 발표하여 자신의 학문적 성과를 체계

적으로 정리하는 연구는 애초에 불가능한 구조이다. 논문 준비에 오랜 시간이 필요한 평론 논문을 작성하는 바보는 더 이상 상상할 수 없다.

한 해의 성과연봉이 남은 재직기간뿐만 아니라 퇴직 후 연금에까지 영향을 미치는 누적식 연봉제의 폐해 또한 작다고 할 수 없다. 당해 연도 성과연봉 일부가 다음 해 연봉에 누적되는 구조에서는 평가 등급이 생애 소득에 큰 차이를 유발하게 된다. 또한 연차적으로 'A→A→B→B'등급이나 'B→B→A→A'등급을 받는 경우, 전자의 연봉이 후자의 연봉보다 높이 산정되는 모순이 발생하기도 한다. 자신의 성과를 점진적으로 향상 시켜나가는 후자가 초기에 높은 등급을 받은 후 성과가 하향 곡선을 그리는 전자에 비해 생애연봉을 작게 받는 결과를 초래한다. 즉, 이 제도는 교수의 경쟁력 향상을 목표로 하지 않고 한번 찍히면 평생 불이익을 감당해야 하는 상황을 연출하고 있는 것이다.

학문의 가치를 계량화할 수는 없다. 어떻게 기초학문과 공학 그리고 예술 분야의 업적을 상호 비교할 수 있단 말인가? 교육부도 이러한 문제점을 인식하여 평가 단위를 학문 분야의 유사성 및 평가의 적절성·형평성 등을 고려하여 단과대학, 계열 또는 충분한 수의 복수 학과 등으로 설정할 수 있는 길을 열어주었다. 그러나 평가 단위를 세분화한다고 문제가 해결되는 것은 아니다. 평가 단위의 세분화로 인한 단과대학 내부의 전공분야별 특수성 문제는 더욱 고착화되며 첨예하게 불거지게 된다. 최근 국교련은 '국립대학 교원의 보수체계 개선을 위한 논의'라는 제목의 홍보물에서 '농구, 야구, 축구 등 다양한 구기 종목을 하나로 묶어서 평가하는 것이 공정한 것일까요? 오직 득점이라는 숫자를 기준으로 허재 1등, 이승엽 2등, 차범근 3등의 순위를 매기는 것이 합리적일까요? 나아가 구기 종목 이외의 기록 경기인 개인 경기 종목은 무능력하고 무가치한 것일까요?'라고 일갈하고 있다.

교육부는 성과급적 연봉제가 국립대학의 경쟁력을 강화하고 교수들의 성과를 향상시키는데 기여할 것이라 했다. 그러나 추가 재원을 한 푼도 투자하지 않고 상호 약탈식으로 성과급 재원을 충당하도록 한 교육부가 애당초 교수들의 성과 향상을 목표로 이 제도를 도입한 것인지 의심하지 않을 수 없다. 성과급제는 조직 구성원의 동기 부여와 조직의 경쟁력 제고에 도움이 될 때 그 의미를 찾을 수 있다. 성과급적 연봉제가 도입된 2011년 이후 국립대학의 경쟁력이 강화되었다는 어떠한 지표도 찾아볼 수 없다. 최근 대학평가 기관에서 발표하고 있는 대학 순위를 보면 지난 10년간 국립대학의 경쟁력은 지속적으로 약화되고 있다. 국교련이 지적한 누적식 성과급 연봉제의 문제점들이 그대로 현실화되었다. 만약 교육부가 교수 사회의 갈등을 심화시켜 파편화시키고 교수들을 연봉이라는 당근으로 길들이기를 시도한 것이라면, 이는 확실히 성공한 셈이다.

인사혁신처와 교육부는 누적식 성과 연봉제의 부작용을 완화시키려는 목적으로 '장기적인 연구를 수행하는 자 등에게 대학별 평가 대상 인원의 1% 범위 내에서 교육연구급의 10%를 가산'하는 제도인 '교육연구가급'을 신설하여 2019년부터 시행할 계획을 세웠다. 그런데 국내 41개 국공립대학 교원을 대상으로 시행한다는 '교육연구가급'을 위한 추가 소요 예산이 이천만 원도 채 되지 않는다. 빛 좋은 개살구라는 말이 딱 이 경우에 해당한다.

맑은 호수를 오염시키는 방법은 너무나 간단하다. 호수에 한 차 분량의 폐수를 방류하면 그것으로 끝이다. 하지만 오염된 호수에 깨끗한 물을 한 차 부어도 호수물은 다시 깨끗해지지 않는다. 근본적인 해결책은 힘들더라도 호수를 말끔히 비우고 깨끗한 물로 다시 가득 채우는 것이다.

국교련이 성과급적 연봉제의 개선을 위해 지속적으로 노력한 결과, 2016년부터 전면적으로 시행될 예정이었던 누적식 성과급적 연봉제에서 정년보장 교원(정교수)이 제외되었다. 하지만 비정년 보장 교원(조교수, 부교수)의 누적식 연봉제는 여전히 해결되지 않은 채로 남아있다. 국내 국립대학의 정년 보장 교원과 비정년 보장 교원의 비율은 70:30 정도이다. 국립대학에서 목소리를 내고 있는 정년 보장 교원의 누적제는 폐지한 반면, 기껏해야 30%에 불과한 비정년 보장 교원에게는 가혹한 누적제를 그대로 유지하고 있다. 정부가 진정 원하고 있는 것이 무엇인지 묻지 않을 수 없다.

국교련의 제도혁신특별위원회는 2018년 활동의 최우선 과제로 비정년 보장 교원의 누적식 연봉제 폐지를 추진하고 있다. 젊은 교수들로 하여금 자신의 학문 세계를 구축하고 장기적인 연구 방향을 설정하는 고민은 뒤로 한 채, 단기 실적에 매진하도록 강요하는 현행 성과급제의 개선은 더 이상 미룰 수 없는 시급한 사안이 되었다. 단기성과에 매몰되어 있는 교수에게 도전과 혁신을 기대할 수 없다. 자신의 연봉이 업적 평가에 의해 결정되는 현실에서 헌신과 협력의 가치를 논하는 것은 사치에 불과하다. 국립대학 성과급적 연봉제를 폐지해야만 황폐해진 대학 사회가 되살아 날 수 있다. 지금이라도 늦지 않았다. 교육, 연구, 봉사라는 교수 본연의 임무를 균형 있게 수행할 수 있는 환경을 재건해야 한다.

교육부는 실패한 정책을 인정하는 용기를 보여야 한다! '교육연구가급' 신설과 같은 한 바가지도 되지 않는 물로 오염된 호수를 정화하려는 우를 범하지 않길 바란다. 과거 정부의 실패를 인정하고 성과급적 연봉제를 폐지하는 것이 국립대학 발전을 위해 우리가 내디뎌야 할 첫걸음이다.

21

국립대학교 총장선출 방식 개선 방향

독점적 총장의 권한 분산 및
민주적 대학지배구조 확립

    2021년 9월 24일 개정된 교육공무원법 제24조 제3항 제2호와 관련하여 모든 국립대학에서 총장선출방식에 대한 논란이 심화하고 있다. 일례로 교육공무원법 개정 직후인 2021년 12월 21일에 치러진 군산대 총장선거 과정에서 총장선거 선거인 참여비율을 두고 대학구성원들이 극단적으로 충돌했다. 군산대 직원 대표는 직원 선거비율을 50%로 제시했고, 이후 계속된 협상 과정에서 35%를 고수했다. 군산대 총장추천위원회는 선거인단 비율을 교수 100%, 직원 16.3%, 학생 8%로 최종 결정했다. 이에 전국대학노조 군산대지부는 "직원들의 대학운영에 참여할 권리를 무참히 짓밟았다."고 밝히면서 법원에 「직원투표 산정비율 확정 처분 효력정지」가처분을 신청했다. 이후 전주지방법원이 이 가처분 신청을 기각하자 직원들은 "총장선거에 전원 투표하지 않기로 했다."고 선언했다. 이와 같은 군산대 총장선거와 같은 파행이 당분간 다른 국립대학에서도 반복될 수 있을 것으로 보인다.

국립대학의 법적 지위

국립대학 총장선출 방식의 개선 방안을 논의하기에 앞서, 국립대학의 법적 지위를 살펴볼 필요가 있다. 헌법 제31조 제4항은 "대학의 자율성은 법률이 정하는 바에 의하여 보장된다."고 명시하고 있다. 이에 근거하여 헌법재판소는 판결문을 통해 "대학의 자율성이란 대학의 운영에 관한 모든 사항을 외부의 간섭 없이 자율적으로 결정할 수 있는 자유를 말한다."라고 밝히면서 대학의 포괄적 자율성을 인정했다 (1992.10.1. 선고, 92헌 마68,76).

국립대학의 법적 지위는 대학 자율성이란 헌법적 가치를 구체화하는 법률이 아니라 대통령령인「국립학교 설치령」에 근거하여 구속되는 현실적 한계를 가진다. 해방 이후 국가의 필요에 따라 대학이 설립되었고, 그 결과 대학은 국가에 종속되는 결과를 낳았다. 국립대학법이 제정되지 않은 상황에서 국립대학은 현재까지도 행정법적 관점으로 교육부에 속한 하나의 행정조직인 영조물(營造物)로 이해되고 있다. 영조물은 일반적으로 국가 또는 공공단체가 공공의 목적으로 설립한 국공립학교, 국립박물관, 교도소와 같은 공공시설물을 일컫는 말이다. 국립대학의 법적 성질이 영조물에 머물러 있는 한 대학과 대학구성원의 자율성은 실질적으로 인정될 수 없다. 국가 영조물의 전형인 교정 시설을 예로 들어보자. 교도소와 같은 교정 시설의 자치와 수감자의 자율성은 상상조차 할 수 없다. 국가는 교정 시설이라는 영조물을 운영하기 위해서 관리 책임자인 시설의 소장에게 전권을 부여한다. 국가가 소장만 관리·감독하면 되기 때문이다. 유사하게 고등교육법 제15조 제1항은 대학의 장(長)의 임무를 "총장 또는 학장은 교무(校務)를 총괄하고, 소속 교직원을 감독하며, 학생을 지도한다."로 규정한다. 우리는 "대학의 자율성을 보장하라."고 요구하지만, 우리의 요구에 고등교육법이 적용되면 "대학의 자율성이 아닌 총장의 자율성을 보장하라."로 둔갑된다. 국립대학 총장에게 모든 주요 의사결정 과정에서 전권을 행사하는 「교무 총괄권」을 보장하기 때문에, 결국 총장을 뽑는 선거가 결국 국립대학 구성원의 이해관계와 대학의 운명을 결정하는 정점(頂點)이 된다. 따라서 최근 총장선거 참여비율로 빚어진 국립대학 구성원의 갈등도 총장의 교무 총괄권과 불가분의 관계가 있어 보인다.

총장선거 참여비율 합의는 난망(難望)

개정된 교육공무원법 제24조 제3항 제2호에 따라 총장선거는 "교원, 직원 및 학생이 합의한 방식과 절차"를 지켜 치러져야 한다. 그러나 국립대학 총장에게 교무 총괄권으로 대변되는 독점적 권한이 주어지는 상황에서는 총장선거 참여비율과 관련하여 발생하는 대학구성원의 충돌을 피해갈 수 없다. 이는 대학구성원의 3 주체(교원, 직원, 학생)가 총장선거의 참여비율을 정하는 모범 답안이 현재로는 없기 때문이다.

경북대의 경우로 한정하여 살펴보자. 우선 수평적 민주성을 담보하는 1인1표제를 채택한다고 가정해보자. 교원, 직원, 학생 수가 각각 1,200여 명, 600여 명, 30,000여 명에 달하는 상황을 고려한다면, 실질적으로는 학생이 총장선출의 결정권을 가지게 되는 셈이다. 이번에는 직원단체가 주장하는 "구성원 3 주체에게 선거인단 참여비율을 공평하게 1:1:1로 보장한다."고 가정해보자. 이 경우는 교원 대비 직원에게 2배의 결정권을 부여하는 것이다. 마지막으로, 교원과 직원 그리고 학생의 참여비율을 현행과 같이 결정하는 방법도 생각해 볼 수 있다. 대학구성원의 총장선거 참여비율은 시대적 산물임이 분명하다. 교수가 총장선거 결과를 결정해야 한다는 생각도 버려야 할 시점이 된 것 같다. 하지만 이해관계가 첨예하게 충돌하는 상황에서 구성원의 합의 도출은 현실적으로 불가능하거나 무한 충돌이 반복될 뿐이다. 언급한 3가지 방법 중에서 어느 하나도 해결책이 될 수 없다.

여기서 분명히 짚고 넘어가야 할 점이 하나 있다. 2018년 개정된 고등교육법에 따라 교원의 신분을 획득한 강사가 총장선거에 참여하는 경우를 어느 대학에서도 찾아볼 수 없다. 대학에서 교육과 연구의 상당 부분을 담당하는 강사에게 총장선거 참여를 보장하는 것은 너무나 당연하지 않은가? 반드시 차기 경북대 총장선거에는 법적 신분을 획득한 강사들도 교원의 자격으로 참여할 수 있도록 해야 한다. 대학의 민주화의 핵심축인 경북대 교수회가 강사의 참정권 보장에 앞장서는 것이 마땅하다.

독점적 총장 권한 분산 및 민주적 지배구조 확립

대학의 역사가 깊은 유럽과 미국에서는 총장을 직접선거로 선출하는 사례를 찾아보기 힘들다. 이들 국가는 '국가는 대학을 지원하되 운영에는 관여하지 않는다.'는 뿌리 깊은 전통을 갖고 있다. 그러나 우리나라의 고등교육법 제5조 제1항은 "학교는 교육부장관의 지도(指導)·감독을 받는다."고 규정한다. 국립대학 총장 직선제는 국가의 간섭에서 벗어나 최소한의 자율성을 수호하는 보루로 인식되었다. 국립대학 총장선거 문제의 궁극적 해결은 관련 법령의 제·개정에서부터 시작해야 한다. 교육부장관의 지도·감독권과 총장의 교무 총괄권을 보장하는 구시대적 고등교육법과 교육공무원법의 개정이 시급하다. 그리고 국립대학의 법적 근거를 부여하는 국립대학법의 제정도 필요하다.

이제 국립대학 내부로 눈을 돌려보자. 인사, 예산, 행정, 징계, 대학정책 등 전 분야에 걸쳐 총장은 독점적 권한을 행사한다. 진정한 의미의 대학 자율성을 실현하기 위해서는 총장의 독점적 권한을 분산시킬 필요가 있다. 다시 말해 국립대학 지배구조를 민주화하기 위해서는 대학평의원회와 교수회가 학칙과 규정을 제·개정하는 권한을 갖고 대학의 주요정책을 수립하는 기능을 수행해야 한다. 예·결산의결권 또한 재정위원회가 실질적으로 행사할 수 있도록 제도 정비가 필요하다. 구체적으로「국립대학의 회계 설치 및 재정 운영에 관한 법률」은 재정 및 회계의 운영에 관한 주요 사항의 심의·의결권을 부여하고 있다. 그러나 총장이 재정위원의 절대 다수를 임명하고 있는 실정을 고려할 때, 재정위원회는 총장의 거수기에 불과하다는 다수의 인식에서부터 자유로울 수 없다. 재정위원회가 독립적으로 운영되기 위해서는 총장의 권한 밖에서 위원회의 구성이 결정될 수 있도록 법령을 정비해야 한다. 또 한 대학의 연구·교육의 주요 사항을 결정하는 연구·교육위원회를 신설할 필요가 있다. 그리고 보직자 인사를 제청하는 대학인사위원회의 설립도 생각해 볼 만하다. 총장에게 집중된 권한을 분산시키기 위해서는 대학구성원이 적절하게 집단지성을 발휘할 수 있도록 제도적 뒷받침이 필요하기 때문이다. 이는 단순히 총장의 권한을 축소시키기 위함이 아니고 당면한 대학의 혼란을 극복할 수 있는 유일한 방안이기도 하다.

대학이 국가의 간섭에서 자유롭게 되고 집중된 총장의 권한이 각종 위원회로 분산되면, 사생결단으로 총장선거에 임하지 않아도 된다. 이제 국립대학 구성원의 소모적 갈등을 종식할 시점이 되었다. 총장선거 참여비율 조정은 당면한 문제를 해결하는 근본적인 해법이 아니다.

관련 법령과 학칙을 정비해서「총장의 자율성이 아닌 대학의 자율성을 보장」하는 것이 정도(正道)이다. 대한민국도 이제 선진국의 반열에 올라섰다. 이제 국립대학도 국격에 걸맞게 진화할 시점이다.

22
반드시 바꾸어야 할 몇 가지 대학교육 정책

1. 반값 등록금제

- 일반적으로 '반값등록금제'는 등록금이 반값이 되는 것으로 이해한다. 그러나 정부에서는 국가장학금, 교내장학금 등등의 장학금 재원을 모두 더하여 반값등록금제가 실현되었다고 주장한다.
- 여기서 철학의 차이가 명확해진다. 지금 시행 중에 있는 등록금 보조정책은 시혜성 정책이다. 학생들이 소득 및 성적 등을 고려하여 정부가 베푸는 시혜를 받고 고맙게 생각하도록 만드는 정치성 제도인 것이다. 그러나 등록금이 투명하게 반값이 되면 이는 당연한 국민의 권리가 된다. 우리 정부가 국민 위에 군림하여 베푸는 자세를 버리고 국민을 진정 주인으로 섬기겠다면 대학등록금을 진짜로 반값으로 낮추는 정책을 시행하여야 한다.

2. 상대평가

- 교수들에게 제대로 된 동기부여가 형성되지 않는다. 열심히 강의를 하여 수강생들의 학업성취도를 높이나, 대충대충 강의하나 상대평가제 하에서는 어떤 차이도 없다. 상대 평가는 교수들에게 동기부여를 할 수 없다.
- 기말고사가 끝났으니 이제 학생들은 학점에 민감해지는 시기가 되었다. 좋은 학점을 받기 위해서는 자기보다 더 좋은 점수를 받는 학생만 없으면 된다. 열심히 공부하고자 하는 동기의 부여보다는 경쟁에서 일단 이겨야 한다. 이런 제도하에서는 더불어 살아가는 세상을 만들자고 해본들 소용이 없다.

3. 사학문제

- 일부 사학에서는 재단이 학교 운영 전반에서 전횡을 휘두르고 있다. 사학재단이 대학을 만들고 나면 대학은 재단소속이 된다. 그런데 설립자들이 마치 사유물인 것처럼 대학 내에서 모든 권한을 행사하는 것이 허용되는 우리나라 사학제도는 정말로 이상하다.
- 사유물화 되어있는 불량사학에도 국가는 꼬박꼬박 국가장학금이라는 보조금을 지급하고 있다.

4. 국립대학교 총장문제

- 교육부는 국립대학교 총장은 교수들이 직접 선출할 수 없는 제도를 도입하려고 한다. 아마도 대학교수들처럼 교육을 많이 받은 집단

은 찾기 힘들 것이다. 대의민주주의 하에서는 국민에게 선거권이 보장된다. 많이 배운 사람(교수)들의 판단력을 믿을 수 없는 모양이다. 교육부가 교육공무원법이 보장하는 직선제를 폐지하고자 하는 것을 보면….

- 멀쩡하게 운영되고 있던 국립대학에 이토록 평지풍파를 일으키는지 모르겠다. 총장문제로 파행을 맞고 있는 대학이 경북대, 부산대, 경상대, 충남대, 방통대, 한체대 등등 그 수를 다 꼽을 수조차 없다. '교육부는 진정 무엇을 원하고 있는가?' 반문하게 된다.

23

대학의 위기, 다시 대학다워질 수 있는가?

　2019년 대학이 처한 현실은 총체적 부실을 넘어 참담한 수준이라고 밖에는 달리 표현할 수 없는 지경에 이르렀다. "다시 대학의 미래를 이야기하는 것이 가능이나 할까?" 반문하게 된다. 교육부는 2010년부터 급속한 입학자원 감소에 대비한다며 대학구조 조정을 주도했다. 교육부의 대학구조조정이 '입학정원 감축, 지역균형발전, 대학경쟁력 제고, 고등교육의 질적 향상' 등 그 어느 것도 성과를 내지 못했음은 주지의 사실이다. 유감스럽게도 교육부는 정책 실패를 반성하지 않은 채, 뻔뻔스럽게도 대학 스스로가 적정수준으로 입학정원을 관리하라며 '2021년 대학기본역량진단 기본계획'을 발표하였다. 대학도 교육부가 강요한 고등교육정책을 아무런 비판도 하지 못하고 수용하기에 급급하다. 대학도 권력에 부역하였기에 그 책임이 가볍다고 할 수 없다.
　"어떻게 대학의 위기를 타개할 것인가?" 지금의 대학은 스스로 위기에서 벗어날 '의지와 능력'을 갖추고 있는 것처럼 보이지 않는다. 혹자는 우리나라 사립대학(사학)은 사학이 아니라 비리의 온상인 '사악'한 집단이라는 독설을 스스럼없이 날리고 있다. 2019년 2학기에 이른바 강사법을 처음 적용하면서 큰 홍역을 치루었다. 가장 열악한 처지에 놓여있는 강사에게 최소한의 인권을 보장하자는 강사법이 오히려 강사들을 더 어려운 처지로 몰고 가는 현실을 목도하고 있다. 지방 소재 국립대의 경쟁력 하락은 이제 막을 수 없는 것처럼 보인다. 법국가가 국립대학을 설치하는 근거가 되는 국립대학법도 갖추지 못하고 있다. 국회는 대학에도 형식적 민주주의를 도입할 것을 강요하고, 대학평의원회 구성과 총장선출 과정에서 학생과 직원에게 교수와 동등한 수준의 참여권을 부여해야 한다며 고등교육법과 교육공무원법을 마구잡이로 뜯어고치려 한다. 교수들도 '갑질, 폴리페서, 비리의 온상, 기득권의 최고봉'이라는 오명에서 자유롭지 못하다.

어디서부터 문제를 풀어나가야 할지 막막하다. 대학문제는 '공교육 정상화, 서열화, 부익부 빈익빈, 지역 균형발전, 비리, 미래 비전 부재, 인구구조'와 같은 사회적 이슈와 불가분의 관계에 있다. 그래서 대학문제는 우리 사회가 안고 있는 문제의 결정판이라고 한다. 대학이 스스로 대학의 가치에 대해 되돌아보고 대학다운 대학으로 거듭나기 위해 노력해야 한다. 바쁠수록 돌아가라는 말이 있다. 기본에 충실해야 한다. 교육관료나 얼치기들이 아니라 교육전문가들이 정책을 입안해야 한다. 책임있는 교수들이 목소리를 높이고 자발적으로 나서야 한다. 대학 없이 미래를 이야기할 수 없기에 이제는 변화를 위한 첫걸음을 내디뎌야 할 시점이다. 희생없는 진보는 없기에, 나부터 나를 위해서가 아니라 미래를 위해서 실천을 시작해야 한다.

24

고등교육·학문 생태계의
위기 극복 방안을 위한 국회토론회

오늘 '고등교육과 학문생태계 위기 극복을 위한 국회토론회'가 황폐해진 고등교육환경을 복원하고 상생의 학문생태계 조성을 위한 어렵지만 소박한 한 걸음이 되길 기대합니다.

고등교육의 장인 대학은 토마스 쿤이 '과학혁명의 구조'에서 언급한 정상과학(normal science)으로 자리매김한 지식 체계를 후속세대에 전수하는 교육기관을 뛰어넘어, 새로운 모델을 도출하고 이를 설득하며 패러다임 변화를 주도하는 주체라 할 수 있습니다. 이런 의미에서 고등교육과 학문연구는 불가분의 관계에 있습니다. 비판적 사고와 끊임없는 도전이 정상과학 또는 정상학문의 변칙사례를 찾아내는 왕도(王道)임에 분명합니다.

생태계는 일정한 지역에서 생물체와 환경이 밀접한 관계를 맺으며 서로 영향을 주고받는 하나의 시스템이라 할 수 있습니다. 건강한 생태계 안에는 생물체와 환경이 서로 조화를 이루는 선순환 구조가 갖추어져 있습니다. 척박한 우리 학문생태계를 정상화하기 위해서 무엇부터 시작해야 하는지 막막한 것이 현실입니다. 기술 발전에 힘입어 세계 10대 경제 대국으로 우뚝 섰지만 뚜렷한 학문적 성취를 이루지 못하고 있는 이유가 무엇인지 찾아보아야 합니다. 신진 학자들에게는 버거운 진입장벽이 가로막고 있고 기성 학자들은 조변석개하는 연구 동향에 맞추어 연구비 사냥에 나서야 하는 것이 현실입니다. 아름드리 나무로 자라기 위해서는 비옥한 토양과 충분한 시간이 필요하다는 극히 단순한 진리를 되새겨 보아야 합니다. 최근 강사법 시행과 관련된 혼란을 바라보며 우리 사회가 신진연구자들에게 한 줌도 되지 않는 권익을 보장하지 않으려 버티는 현실을 바라보게 됩니다. 어쩌면 이러한 상황에서 한가로이 학문생태계를 논하는 것 자체가 비현실적인 사치는 아닐지 걱정이 앞서게 됩니다.

로맹가리의 "희망을 잃지 않는 한 내 삶에서 아무것도 잃은 것이 없다."와 "멀리서 다가오는 것은 눈으로 보는 것이 아니라 마음으로 느끼는 것이다."를 인용하며 마무리 짓고자 합니다.

〈국회토론회 국교련 상임회장 인사말〉

25

개교 69주년을 축하하며 본교를 돌아보다

경북대학교는 2015년 5월 28일 개교 69주년을 맞이한다. 한강 이남 최고 명문대학인 경북대의 재학생, 동문, 직원 그리고 교수들을 포함한 경북대를 사랑하는 모든 분들과 함께 개교기념일을 진심으로 자축한다.

활시위를 떠난 화살과 같은 시간의 흐름 속에서 우리는 태양의 움직임이 반복되는 1년이라는 시간의 단위에 큰 의미를 부여한다. 새해 첫날 또는 생일과 같은 기념일들을 정해놓고 축하한다. 경북대학교는 대구사범대학, 대구의과대학, 대구농과대학이 국립대학으로 승격된 1946년을 개교년도로, 그리고 국립 경북대학교의 첫 입학식이 거행되었던 1952년 5월 28일을 개교기념일로 정하고 있다. 이처럼 경북대의 기년(紀年)과 개교기념일이 각각 기준에 의해 정해졌기에, 일견 69주년 개교기념일에 의미를 부여하는 것이 부질없어 보이기도 한다. 그러나 흘러간 시간들을 재조명해 보고 앞으로 다가올 미래에 대해 같이 고민하면서 개교기념일의 의미를 찾고자 하는 노력 또한 뜻깊은 일임이 분명하다.

지금 경북대는 지속적인 경쟁력 약화, 대학구조조정, 9개월째 지속되고 있는 총장부재사태 등 갖은 난제들을 직면하고 있다. 이런 상황에서 대학의 정체성과 역할에 대한 논의는 다소 한가로운 소리로 들릴 수 있다. 그러나 역설적으로 기본에 충실할 때, 의외로 쉽게 실타래처럼 얽혀있는 난제들이 풀린다. 위기는 곧 기회라 했다. 토마스 쿤은 "과학혁명의 구조(The structure of scientific revolutions, 2013년, 까치글방)"에서 기존 패러다임에 배치되는 변칙현상들이 출현할 때, 새로운 세계관이 도출되어 혁명적 진보가 이룩된다고 설파하였다. 발상의 전환이 필요한 시점이다.

대학의 사회적 기능은 학문연구와 사회에 봉사하는 인재를 양성하는 교육으로 요약할 수 있다. 우리는 직업을 통해 자아를 실현하고 사회에 기여할 수 있기 때문에 취업은 중요한 의미를 가진다. 그러나 아쉽게도 교육부는 획일적으로 취업률이라는 황금잣대(?)를 들이대며 기초학문 분야에 대한 구조조정을 추진하고 있다. 그렇다고 모든 대학이 취업교육에 매몰된 교육을 할 수는 없다. 거점대학인 경북대의 정체성을 '경북대고등직업훈련원'으로 바꿀 수는 더욱이 없다. 기초학문 연구를 육성하고 신진 학자들을 양성하는 것은 경북대와 같은 지역거점 국립대학이 수행해야 할 중요한 기능이다.

우리나라 대학들은 양적 성장에 몰두하고 있다. 경북대도 예외는 아니다. 그 결과 캠퍼스 곳곳에 위용을 자랑하는 건물들이 즐비하게 늘어서 있다. 그러나 회색 빌딩 숲속 어디에서 대학의 참모습과 대학이 추구하는 가치를 찾아볼 수 있는가? 양적 규모나 외형을 보고 대학을 평가하지 않는다. 대학의 정신이 살아있는 상아탑을 명문 대학이라 부른다. 교육부는 '행·재정지원'이라는 저급한 통제 수단을 활용하여 국립대를 장악하고 있다. 대학이 자본에 예속된 외형 부풀리기 놀음에서 해방될 때, 대학 본연의 자세를 찾을 수 있다.

갈기갈기 찢겨진 마음들을 다시 모으기 위한 치열한 고민이 필요하다. 경북대의 정체성을 재정립하고 대학 본연의 자세로 되돌아가야 교시인 '진리, 봉사, 긍지'를 구현할 수 있는 작은 불씨를 되살릴 수 있다. 대학본부는 작은 실리에 연연하지 말아야 하고, 경북대 구성원들은 주인의식을 가지고 학교 현안에 적극 참여해야 한다. 작금의 현실은 원칙을 지키기도, 기본에 충실하기도 어렵다. 그러나 더딘 길이지만 정도(正道)이기에 마음을 모아 한 걸음씩만 더 내딛는다면 우리는 다시 희망을 이야기할 수 있을 것이다.

1년 후 개교 70주년을 맞이하여서는 새롭게 거듭나 국립대의 위상을 제대로 갖춘 경북대를 마주하게 되길 기대해 본다.

26
원칙 없는 경북대학교, 길을 잃다

경북대학교 제18대 총장 후보자 선정과정에서 발생한 일련의 사태들과 이를 해결하는 과정에서 대학본부, 교수회 그리고 후보자들이 보여준 모습들이 "원칙을 망각하고 길을 잃고 헤매는 경북대학교의 슬픈 자화상"인 듯하여 시리도록 저린 가슴을 부여잡고 있다.

각설하고 원칙에 반하는 문제들을 지적하고자 한다.

1. 8월 6일 학원장회의에서 심의한 "경북대학교 총장임용후보자 선정에 관한 규정(案)"으로 개정 절차를 밟는 것은 명백한 학칙위반 사안임을 밝힌다.
   - 학칙 제84조 제2항과 제83조 제4항에 따라 대학은 규정개정(案)을 반드시 일정기간 공고하여야 하고 의견을 수렴하여야 한다. 그러나 현재 진행 중인 개정(안)은 공고와 의견수렴 과정이 생략

된 채로 교수회 평의회에 부의되었기 때문에 이 개정절차는 학칙위반 사안이다.
- "경북대학교 총장임용후보자 선정에 관한 규정(案)"은 8월 2일에 공고되고 의견수렴을 하였으며 그 연장선상에서 규정개정 작업이 추진되고 있다는 주장이 있다. 허나 공고된 8월 2일자 규정(案)과 현재 개정이 추진 중인 새로운 규정(案)은 근본적으로 상이한 내용을 담고 있다. 이는 의견 수렴용으로 A(案)을 공고하고 실제로는 B(案)을 들이미는 셈이다. 정말 어처구니없는 노릇이다.

2. 커튼 건너편에서 자신이 어떤 처지에 놓이게 될지 몰라 유·불리를 판단할 수 없다면, 공정하게 게임의 법칙을 정하는 것이 취할 수 있는 유일한 길이다.
- 이번 규정개정은 소위 3자회담의 소산이며, 개정 골자에는 후보자들의 의견이 강력하게 반영되어있다.
- 자신의 이해관계에 따라 공정성의 잣대를 바꾸는 것이 인간의 본성이라고들 한다. 후보자들이 모여 총장후보자 선정에 관한 규정개정 작업을 좌지우지하는 것은 경기 진행 중에 선수들이 모여 게임의 룰을 바꾸는 것에 비견할 수 있다.

3. 지난번 6월 교수총의에 의해 개정된 "경북대학교 총장임용후보자 선정에 관한 규정"으로는 한 번도 총장후보자를 선정해 보지 않고 다시 규정을 재개정한다면, 교수 총투표로 담은 교수들의 총의는 어떤 의미를 가지는가?

필자는 이미 8월 3일자 "신의 한 '꼼'수로 오해 받지 않길...."이라는 제목의 의견서를 통해, 이번 총장후보자 선정 과정에서 발생한 문제점들은 규정이 잘못되어 발생한 것이 아니라, 명백히 그 규정을 집행하는 과정에서 발생한 오류라는 점을 지적하였다.

규정개정이 원칙적으로 불가하다고 우기는 것은 아니다. 교수회 의장이 당연직으로 선정관리위원장을 겸임하도록 정하고 있는 조항의 개정은 언제든지 가능하다. 이번 사태의 근본적인 원인 제공은 분명히 선정관리위가 한 것이고, 그 선정관리위의 위원장을 교수회의장이 겸하고 있기 때문에 교수회는 금번 발생한 문제들을 해결하는데 한계성을 드러낼 수밖에 없었다. 선정관리위가 비상식적인 실수를 또다시 저지르지만 않는다면, 현재의 규정으로도 충분히 공정하게 총장후보자를 재선정할 수 있다. 3자 회담 후 하루 만에 졸속으로 대학 구성원의 의견을 수렴하는 절차를 무시한 채 규정 개정안을 만들고, 근간을 흔드는 수준의 규정개정을 시도하는 행위는 마땅히 삼가해야 한다. 필요하다면 차기총장이 충분한 시간을 갖고 대학 구성원들의 합의를 도출하면서 합리적으로 규정을 개정하면 된다. 간단하다.

현재 추진 중인 규정개정의 주요 내용에는

- 총추위원의 보직금지 조항 삭제
- 1차와 2차 투표에서 1인 3표제를 1인 1표제로 변경

이 포함되어 있다. 관점에 따라서는 이러한 방향으로의 규정 개정이 필요하다고 주장할 수도 있다. 반면에 문제의 조항들이 순기능과 역기

능을 동시에 가지고 있다는 점을 명심해야 한다.

- 총추위원의 보직금지 조항은 지나치게 참정권을 제한한다는 역기능을 가지고 있다. 그러나 이 조항은 소위 '후보자 캠프에 속한 교수들이 진정으로 학교에 "봉사하는 자세"로 후보자를 도와 공약을 개발하고 발전 계획을 수립하라.'는 취지에서 제안되었다. 즉 보직을 염두에 두고 캠프에 가담하는 행태는 바람직하지 않다는 선언적인 의미이다. 또한 직선제 과정에서 과도한 규모의 교수들이 캠프에 속해 있어 학교를 정치판으로 만들었다는 비판을 반영한 것이기도 하다. 무시하기 힘든 순기능을 가지고 있다. 그런데 지금 시점에서 왜 총추위원의 보직금지 조항이 문제가 되는가? 무엇을 위해서?
- 1~2차 투표 시, 1인 3표를 행사하면 소위 역선택의 여지가 있다고 주장하고 있다. 그러나 현행 규정에 따라 총추위원은 보직자로 임명될 수 없으므로, 총추위원들이 역선택을 하면서까지 무리하게 특정후보자를 지지할 것이라는 판단은 과도한 해석이다. 이번 선정과정에 8명의 후보자들이 입후보한 현실을 감안할 때, 1인 1표제가 시행되면 최종후보자의 1차 투표 득표수조차도 불과 몇 표에 불과 할 수 있다. 이미 타 대학교의 총장후보자 선정과정에서 발생했던 문제점이며, 최종 선정된 총장후보자의 모양새가 심각하게 구겨졌다고 한다. 총추위원들이 1차와 2차 투표에서 3표를 행사한 것은 이번에 발생한 사태와는 무관하다. 규정을 개정하려는 의도는 무엇인가?

'바쁠수록 돌아가라.'고 했다. 지성의 전당이며 한강 이남 최고의 대학이라고 자부하는 경북대학교의 본부, 교수회 그리고 후보자들이 이번 총장 후보자 선정과정에서 보여주는 실망스러운 모습들에서 원칙을 잃고 어디로 향하고 있는지도 모르면서 방황하는 경북대학교의 실상을 보고 있는 것 같아 처절하게 가슴이 아프다.

'병은 널리 알리라.'고 했다. 환부를 드러내고 고름을 짜낸 후에야 비로소 새살이 돋아난다. 어쩌면 본부, 교수회 그리고 후보자로 구성된 3자 회담에서 규정개정과 재정에 대해 합의를 도출하는 것이 가장 빠른 해결책이었을지 모른다. 그러나 이것은 원칙에 어긋난다. 3자회담의 의미나 그들의 노력을 폄훼하려는 게 아니다. 또한 필자의 일방적인 주장이 옳다고 강변하는 것도 아니다. 단지 원론적인 고민을 지적할 뿐이다. "후보자들이 합의했기 때문에!" 규정개정과 재선정이 가능해지는 건 아니다. 후보자들이 규정개정에 대해 의견을 개진할 수 있고, 재선정을 선정관리위원회에 제안할 수 있다. 필요하다면 학칙에 따라 규정을 개정하면 되고, 선정관리위원회가 재선정 요청을 받아들이면 재선정을 하면 된다. 이것이 원칙이다. 원칙을 무시하면 안 된다. 원칙이 무너진 대학은 아무것도 아니다.

이번 사태에 대한 필자의 비판이 사랑하는 경북대학교에 대한 해교행위가 아니길 바란다. 경북대학교의 조그마한 방향타가 되길 바라는 마음이다. 훌륭한 분이 제18대 경북대학교 총장으로 선정되길 기원한다. 어려운 시기를 잘 극복하고 새로운 도약의 발판을 마련하는 리더십을 발휘해 주길 진심으로 기대한다.

"분노하라"고 온몸으로 외친 스테판 에셀을 떠올리며, "행동하지 않는 양심은 악의 편이다."라는 경구를 다시 한번 되새기게 된다. 이 졸고가 총장 후보자 선정과 관련하여 올리는 마지막 글임을 밝힌다.

〈복현의 소리 게시판에 올린 글〉

27

신의 한 '꼼'수로 오해 받지 않길...

"경북대학교 총장임용후보자 선정에 관한 규정 개정(안)"에 대한 제언

그림 21 "신의 한 수"의 한 장면

제18대 경북대학교 총장후보자 선정과 관련하여 우리 대학교는 지난 6월 말부터 심한 내홍을 겪고 있다. 어찌 보면 총장직선제 폐지 논의로 시작하여, 이제까지 누적된 문제점들이 일시에 불거져 나온 불상사가

아닌지 되돌아보게 된다.

논지를 좁히기 위해서 8월 2일자로 경북대학교 홈페이지를 통해 공고된 "경북대학교 총장임용후보자 선정에 관한 규정 개정(안)"에 대해서만 논의하도록 하자. 자연과학자로서 인과관계에 입각한 논리적인 접근법으로 문제를 짚어보도록 하겠다.

우선 함인석 총장이 발표한 "제18대 총장후보자 선정 과정에 관한 담화문"의 취지를 나름대로 요약하면,

1. 제18대 총장후보자 선정 과정에서 발생한 일련의 불공정사례의 요지
   - 총추위 구성시 공과대학 교수가 4명 참여함.
   - 투표용지에 일련번호를 명기하여 비밀투표의 원칙을 훼손함.
   - 외부 총추위원 선정기관이 일부 후보자들에게 사전에 알려짐.
   - 총추위원 선정과정에서 후보자들의 참관인이 입회하지 않았음.
   - 총장임용후보자의 선정 과정 및 일정, 그리고 그 결과의 처리를 본부와 상의하지 않았음.
2. 상기 5가지 불공정 사례는 진상조사위원회의 조사를 통해 대부분 사실로 확인되었음.
3. 이에 따라 함인석 총장은 교무통활권을 발동하여 관련규정 재정비 후, 제18대 총장임용후보자 재선정 절차를 진행하기로 함.

총장이 교무통활권의 범위 내에서 허락된 모든 권한을 발동하여 총장후보자 선정과 관련된 일련의 사태를 조속히 마무리 짓기 위해 노력하

겠다고 의지를 표명한 것에 필자는 동의한다.

오진에 따른 부당한 과다진료 행위로 오해받을 수 있다.

총장이 사태 수습을 위해 취한 최근의 직무수행은 규정개정(안)의 공고이다. 이 규정 개정(안)의 공고는 마치 의사가 오진에 기초하여 부당하게 수익을 극대화하려는 전형적인 과다진료 행위로 오해받을 수 있다.

총장이 지적한 5가지 불공정 사례는 규정의 미비에 의해 발생한 문제가 아니다. 필자가 나름대로 그 문제점을 분석하면,
- 총추위 구성이 잘못된 점 : 규정을 위반한 명백한 오류
- 일련번호 명기 : 선정위의 명백한 실수
- 외부 총추위원 선정기관 명단의 사전 유출 : 선정위의 관리 부실
- 후보자들의 참관인이 입회하지 않은 사실 : 참관인의 입회가 바람직한 것으로 판단되나, 규정위반 사항은 아님.
- 발생한 일련의 문제점들을 본부와 상의하지 않고 처리 : 행정협조가 원활치 않아 생긴 문제로 보임.

따라서 사례 분석에 기초하면 상기 5가지 문제들은 규정이 잘못되었다거나, 규정이 미비하기 때문에 발생한 것은 아니다. 그럼에도 불구하고 본부는 규정 개정을 카드로 꺼내 들었다. 그러나 규정개정은 학칙이 정한 절차(규정개정안 제출 - 공고 - 교수회 - 공포)에 따라 진행되어야 한다. 이 시점에 규정을 개정하려는 시도는 당면한 사태를 조속히 해결하기 위한 방법으로 적합하지 않다.

최대 피해자는 경북대학교이다.

필자가 살펴본 바에 의하면, 본부가 공고한 규정개정(안)은 규정을 '제정'하는 수준에 달한다. 후보자 선정과정에서 발생한 문제가 규정 미비에 기인한 것이 아니었음에도 불구하고, 현 단계에서 본부가 규정 개정을 추진하는 것은 오진을 한 돌팔이 의사가 연이어 잘못된 진료를 하는 것에 비견될 수 있다. 이 경우 잘못된 의료행위의 최대 피해자는 환자인 경북대학교이며, 대학교와 대학의 구성원들은 돌이킬 수 없는 후유증에 시달리게 된다. 더욱이 불과 1개월의 임기도 남겨두지 않은 총장이 전면적인 규정개정을 추진하고 있는데, 이는 과다진료행위를 하고 있다고 오해받기에 충분하다.

우리 모두는 현행 "총장후보자 선정 규정"이 교수총투표를 통해 확정되었다는 점을 무겁게 받아들여야 한다. 현행 규정이 가지고 있는 문제점들이 있다면, 이러한 문제점들은 차기 총장이 심층적으로 검토하고 학내 구성원들의 동의를 거쳐 고쳐나가는 것이 바람직하다.

더욱이 총장의 연임과 같은 중대한 사항을 이번 개정안에 슬그머니 집어넣는 것은 부당하게 사사로운 이익을 챙기려는 의사의 부도덕한 의료행위로 의심받기에 충분하다. 오얏나무 아래에서는 갓끈을 바로잡지 말아야 한다. 함인석 총장은 수차례에 걸쳐 연임의 의사가 없음을 밝혀왔기에, 필자는 이번 개정안에 포함된 총장연임문제 만큼은 함인석 총장 본인에게는 해당되지 않을 것이라 믿는다. 따라서 **신의 한 '꼼'수**로 오해 받지 않으려면 더욱이 총장후보자 선정 문제를 조속히 해결하고자 한다면, 규정개정은 대학교 구성원들의 동의를 얻어 최후의 수단으로 활용하여야 할 것이다.

경북대학교 본부가 공고한 규정개정(안)은 작금의 문제를 해결하기 위한 범위를 넘어서는 과도한 수준이라는 점과 함인석 총장이 오해를 받기에 충분한 조항들이 포함되어 있다는 점을 명심하여야 한다. 환자의 상태가 위중한 응급상황에서는 대대적인 시술은 피하는 것이 상식이다. 현 단계에서는 최소한의 외과적 시술로 위기를 극복하고자 하는 지혜가 요구된다.

아울러 이번 사태를 야기한 선정위는 막중한 책임을 피할 수 없다. 진정한 사과와 재발 방지를 위한 대책 마련의 노력을 보여주어야 한다.

총장후보자 재선정 문제조차도 아직 후보자들 모두가 동의한 사안은 아닌 것으로 전해진다. 총추위의 진행과정에서 선정위가 범한 실수들은 후보자 참관인들이 총장후보자선정 전 과정에 참여하고 검증하는 것으로 해결될 수 있을 것이다. 학교발전을 위해 봉사하겠다는 마음으로 입후보한 총장후보자들과 대학본부, 그리고 선정위가 한 테이블에 마주 앉아, 총장후보자 재선정 문제부터 원점에서 논의를 시작하고 그동안 불거진 모든 문제점들을 함께 숙고하여 해결책을 마련해 주길 진심으로 바란다.

〈26의 댓글에 대한 답변〉

28
공개서한

> 우리는 무엇을 할 수 있는가? 제안합니다!

경북대학교 제18대 총장 임용후보자에 대한 임용제청을 교육부가 거부한지 벌써 1개월이 넘는 시간이 흘렀다. 아직 경북대학교의 시계는 제로에 멈추어있고, 경북대 가족들은 짙은 안개 속에서 여전히 헤매고 있는 형국이다.

교육부의 국립대학교 총장 임용제청 거부에 대한 부당성은 이미 충분히 논의되었으며, 최근 법원의 판결문들을 통해서 그 위법성이 만천하에 드러나게 되었다.

우리는 정부가 대놓고 위법 행위를 반복적으로 저지르는 작금의 사태를 묵과할 수 없다. 행정부는 법질서를 유지해야 하는 책무를 지고 있음에도 불구하고, 교육부가 위법 행위를 스스럼없이 저지르고 있는 형국은 역사적 책임을 피하기 어려울 것이다.

경북대학교 총장 제1순위 후보자인 김사열교수가 지난 1월 21일 교육부장관을 상대로 '임용 제청 거부를 취소하라.'는 내용의 소송을 제기했다고 한다. 대학의 총장 임명 건이 법원의 판단을 받아야 한다니 안타까울 뿐이다. 그러나 법국가(Rechtsstaat)에서 법원의 결정을 존중하는 것도 중요하니, 법원의 최종 판결을 기다려야 할 것 같다. 그러나 경북대 가족들은 교육부 처사의 부당성을 지적하고 총장 후보자의 임용 제청을 거듭 요청하는 한편, 대학의 자율성을 지켜내기 위한 노력을 지속적으로 경주해야 할 것이다. 역사는 우리에게 알려준다. 국민이 묵인하기 때문에 국가가 권력을 남용한다고. 대학의 구성원이 요구하는 만큼의 자율성만이 우리에게 보장된다는 사실을 잊지 말아야 한다.

경북대 대통합위원회의 구성을 제안합니다.

함인석 전총장이 임명해 놓은 총장 직무대행자가 다시 임명한 총장 직무대행자가 또 다시 임명할 차기 총장 직무대행자가 과연 실타래처럼 얽혀있는 경북대학교의 현안들을 해결해 나가기 위해 우리대학 가족들의 지지를 끌어낼 수 있을지 의문이 든다.

경북대학교 모든 구성원(교수, 학생, 직원)과 시민들이 참여하는 대통합위원회를 구성할 것을 제안한다. 이 위원회가 경북대인의 뜻을 모아 총장사태, 차기 총장 직무대행자의 추천, 기성회계 문제, 정원감축 및 구조조정, 기성회직원의 고용승계문제 등 산적한 문제들을 대학이 자율적으로 해결해 나갈 수 있는 방향을 제시해 주기를 희망한다. 총장사태와 더불어 국립대학교가 직면하고 있는 두 가지 문제를 예로 들고자 한다.

우리는 국립대 학생들이 제기한 기성회비 반환소송에 대한 대법원의 최종 판결을 기다리고 있다. 만약 기성회비 징수의 법적 근거가 없다고 대법원이 판단했음에도 불구하고 교비 등의 항목으로 실질적인 기성회비를 종전과 같이 징수하는 사태가 발생한다면, 교수인 나는 과연 학생들에게 "무엇을 가르칠 수 있을까?" 자문하지 않을 수 없다. 한 번이라도 대학의 구성원들이 이 문제를 심도있게 논의한 적이 있는가? 이 역시 교육부와 국회의 처분만을 기다리고 있는 형국이다. 또한 기성회계의 폐지는 기성회직원들의 고용문제를 심각하게 야기시킨다. 이에 대해서 우리가 같이 고민해 본 바가 있는가? '오늘은 나, 내일은 너(Hodie mihi, cras tibi)'라는 경구가 있다. 이것을 패러디한 '어제는 너, 오늘은 나(Heri mihi, hodie mihi)'를 떠올리게 된다. 어제의 이웃이 겪은 아픔을 도외시 하면, 오늘 그 아픔이 내 앞에 서있게 된다.

대학본부와 교수회를 포함한 경북대학교 모든 가족들이 우리 대학이 당면한 문제들을 풀어나가기 위해 지혜를 모아 한 걸음씩 내디뎌야 할 때라고 생각한다. 우리는 충분한 잠재력을 가지고 있다. 이번 위기를 기회로 삼아 대학의 자율성 회복을 위한 노력에 모두가 함께 동참한다면 국립대학교를 다시 제자리에 돌려놓을 수 있다.

〈복현의 소리 게시판에 올린 공개서한〉

29

경북대학교 교수회 평의원님께 드리는 글

안녕하십니까? 자연대 물리학과 교수 이형철입니다.

우리 대학의 총장 공백사태는 벌써 1년이라는 시간이 흘렀음에도 불구하고 지속되고 있습니다. 학내 곳곳에서 총장공백 사태의 후유증이 심화되고 있으며, 그로 인한 구성원들의 피로감이 커지고 있음을 실감합니다.

저는 자연대 교수회 의장 그리고 교수회 사무처장으로 봉사한 경험이 있어 교수회에 대한 남다른 애착을 느끼고 있습니다. 과거 경북대 총장 선출 관련 논의과정에 교수회 대표로 깊숙이 관여하였던 한 사람으로, 그리고 교수회 구성원 한 명의 자격으로 지난 제26차 교수회 임시평의회 의결에 대해 의견을 드리고자 합니다.

우리 대학이 겪고 있는 작금의 혼란은 교육부의 강압에 기인합니다. 총장직선제 폐지, 총장임용후보자들에 대한 임용제청 거부, 그리고 총장임용후보자 재선정 요청 등 교육부는 사사건건 자신들의 부당한 뜻을 일관되게 요구하고 관철시켜 왔습니다. 이번 총장부재 사태만을 좁혀 보더라도 경북대학교는 적법한 절차에 따라 총장임용후보자들을 추천하였습니다. 여기에는 이견의 여지가 없습니다. 교육부가 총장 후보자 임용제청을 거부하고 재선정을 요구하는 사태에 대해서는 사법부가 1심 판결을 통해 '교육부의 처분이 위법하다.'라고 판단하였습니다.

대형 사고가 발생하기 전에 전조 증상은 여러 번 감지된다고 합니다. 사방에서 나타나는 경북대학교의 위기를 우리 모두 우려하고 있습니다. 저는 우리 대학의 대의기구인 교수회 평의회 의결을 누구보다 존중하는 입장을 견지하고 있으나 지난 교수회 제26차 임시평의회의 의결에 대해서는 다른 의견을 가지고 있습니다. 이와 관련한 몇 가지 의사를 개진하고자 합니다.

1. 의결 절차의 문제점
   (제26차 임시 평의회의 업무처리에 관한 규정 위반 여부)
   교수회 규정 제10조 제2항에 의하면 '교수회 평의회는 평의원 과반수의 출석과 출석 평의원 과반수의 찬성으로 의결'할 수 있습니다. 이에 의거 제26차 임시 평의회의 안건은 출석 평의원 31명(의결참여 16명, 위임 15명)의 과반수인 16명의 찬성으로 의결되어야 하므로, 14명이 찬성한 안건은 부결되었다고 보는 것이 타당합니다. 이에 저를 포함한 교수들이 11월 2일 교수회 의장단을 찾아가 구두로, 그리고 서면으로 문제점을 지적했음에도 불구하고, 교수회는 교수총투표를 진행하고 있습니다. 이에 교수 20명은 불가피하게 대구지방법원에 '교수총투표 실시 금지 가처분'을 신청하였으며, 현재 법원의 판단을 기다리고 있습니다.

2. 교수총투표 내용과 집행여부에 관한 문제점

이번 교수총투표의 내용은 "1. 총장임용제청거부에 관한 대법원 판결을 기다린다."와 "2. 총장임용후보자 재선출을 진행한다."입니다. 만약 제2안이 부결된다면, '대법원 판결을 기다린다.'는 교수회의 기존 입장을 유지하는 것이기 때문에, 실질적으로 이 투표는 제2안에 대한 찬반 의사를 묻는 것이 됩니다. 또한 '총투표 결과를 시행할 수 있는 지' 여부에 대한 의문입니다. 교수총투표 결과에 따라 재선출 절차가 진행되면 법적 분쟁을 막을 수 없기 때문입니다. 따라서 실질적인 집행이 불가능한 안건에 대해 교수총투표를 실시하는 것은 바람직하지 않다고 판단됩니다.

3. 내용의 실질적 문제점

(우리 스스로 훼손하는 대학의 자율성과 학내 내부갈등)

이번 사태는 교육부의 위법한 행정처분에 기인했기 때문에 책임을 져야할 당사자는 당연히 교육부입니다. 재선출 여부를 묻는 교수총투표 실시는 교육부의 위법적 간섭으로 발생된 문제를 학내에서 풀어야 할 문제로 변질시키는 것입니다. 우리가 현재 겪고 있는 사태의 본질은 무엇입니까? 가장 큰 위협 요소는 내부 분열이라고 역사는 가르치고 있습니다. 경북대 가족들이 마음을 하나로 모으면 현재 처해있는 역경을 헤쳐 나갈 수 있습니다. 불행히도 경북대 교수회와 교수들 간의 갈등이 이미 시작되었고 위기는 고조되고 있습니다! 참담한 심정입니다. 대학 내부의 갈등만은 막아야 합니다.

제언드리고자 합니다!

경북대학교의 위기를 조속히 해결하기 위해 머리를 맞대어 모든 가능성을 열어 놓고 논의합시다. 교수평의회에 대토론회 개최를 부탁드립니다. 우리 대학의 구성원으로 책임을 지고 있는 주체들 모두가 참여하는 대토론회가 우리 대학 발전의 새로운 전기가 될 수 있습니다. 대토론회의 결과를 교수총투표를 통해 확정하는 방법도 가능합니다.

우리 모두는 대학의 민주화와 총장직선제를 외친 부산대 故 고현철 교수님의 숭고한 희생을 기억하고 있습니다. 희생이 필요하다면 희생을 두려워 말아야 합니다. 경북대학교는 대학의 자율성을 지키기 위한 최소한의 행동으로 교육부의 위법성 여부를 판결할 사법부의 최종 판단을 기다려야 합니다. 총장임용후보자들도 경북대학교를 위해 희생할 것이 있다면 희생을 마다하지 않아야 합니다. 우리 모두 원칙에 따라 절차를 지키면서도 마음이 모아지면 과감하게 행동해야 합니다.

〈교수회 평의원들에게 보낸 서한〉

30

이 교수님께 드리는 서한

이 교수님,
먼저 인사드리겠습니다. 저는 물리학과 이형철입니다.

이번에 총장선거 참여비율로 빚어진 불미스러운 사태의 전후 내막은 적절한 기회와 시기에 논의하면 될 것 같습니다.

거두절미하고 다음의 3가지 사안에 한정하여 몇 자 적어보겠습니다.

1. 교수노조의 기본 입장을 확인합니다.
   현재 총장 선거 참여 비율은 전임교원 80%, 직원 & 조교 15%, 학생 5%입니다. 대학은 교육과 연구의 장이므로 당사자는 교원과 학생이라는 점은 분명합니다. 지원 인력인 직원과 조교의 총장선거 참여비율이 15%인 반면, 학생들의 참여비율은 5%에 불과한 것을 정상이라 할 수는 없을 것입니다. 학생들의 참여 비율이 상향 조정되어야 한다는 점에는 아마 대부분의 교수님이 동의할 것 같습니다. 다음은 강사의 총장선거 비율 문제입니다. 강사 또한 교육과 연구의 주체인 동시에 교원입니다. 총장은 대학 행정을 책임질 뿐만 아니라 교육과 연구에 대해 지대한 영향력을 행사합니다. 따라서 강사도 총장선거에 참여하는 것이 너무나 당연합니다. 이러한 입장은 이미 교수노조의 성명서를 통해 천명한 바 있습니다.

2. "왜 교수노조가 이번 사태 해결에 관여해야 하며, 또 무엇을 할 수 있는가?"입니다.
'지식인은 자신과 무관한 일에 공연히 참견하는 사람'이라고 말한 사르트르의 지식인을 위한 변명을 인용합니다. 지식인인 교수가 '학문후속 세대인 동시에 동료 교원'의 일에 참견하는 것은 너무나 당연하고 그 연장선상에서 교수노조가 이번 사태 해결을 위해 노력하는 것은 당연한 귀결이라고 생각합니다. 경북대 비정규직 교수노조 또한 경북대 교수노조가 이번 사태 해결을 위해 노력해 줄 것을 여러 차례 요청하였고 교수노조의 기본 입장에 동의하고 있습니다.
이제 "자연스럽게 다음 질문은 무엇을 할 수 있는가?"로 이어집니다. 경북대 교수를 대표하는 학칙 기구인 교수회가 이번 사태의 직접적인 당사자입니다. 법적 기구인 교수노조 역시 또 다른 당사자임이 분명합니다. 우리는 상기 기본 원칙을 지키기 위해 노력하여야 할 것입니다. 교수노조는, 모르쇠로 일관하면서 사태 해결을 위해 노력하지 않고 있는 교수회에 적절한 방식으로 영향력을 발휘하여야 할 것입니다. 현 교수노조 집행부가 그 역할을 담당하는 것으로 알고 있습니다.

3. 마지막으로 "사태 해결은 가능한가? 어떻게 풀어야 하는가?"에 대한 의견입니다.

    제가 파악하기로는(아마도 저보다 이교수님께서 더 정확히 인식하고 계실 것이라 생각합니다만) 학생들과 강사노조의 요구는 교수회가 충분히 수용하고도 남을 정도이고, 오히려 제가 학생과 강사들이 그 정도로 소박한 요구를 하는 점에 놀랄 정도였습니다. 촉박한 총장선거 일정을 감안하더라도, 새로 제정된 시행세칙을 개정하는 것으로 강사와 학생들의 요구를 충분히 담아낼 수 있습니다. 요약하면 현 교수회 임원진의 의지만 있다면 해결은 가능합니다. 결론적으로 사태 해결은 가능하고 해결방안은 의외로 간단합니다.

저는 교수노조가 적극적으로 주어진 역할을 다한다면, 이번 사태를 원만히 해결할 수 있다고 생각합니다. 지식노동자의 연대가 대학 사회를 변화시킬 수 있다고 생각합니다. 첫걸음을 조심스럽게 내딛기를 희망합니다.

제4부

경북대 제22대 교수회의장으로 하고 싶었던 이야기

교육의 위대한 목표는 앎이 아니라 행동이다.
허버트 스펜서

31
제22대 경북대학교 교수회의장 선거 연설문

존경하는 경북대학교 교수님 여러분,

제22대 교수회 의장 후보 물리학과 교수 이형철, 인사 올립니다. 제가 이번 의장선거에 임하면서 교수님들과 함께 나누고자 한 메시지는 「다시 경북대의 미래를 이야기합시다!」입니다.

지난해 바로 오늘, 12월 7일을 떠올려 봅니다. 12월 7일은 대학의 자율성과 정의를 이야기하면서 벌여오던 43일간의 릴레이 단식을 끝내는 날이었으며, 외압에 의해 무너진 대학의 자율을 교수회라는 제도권 안에서 들어가 '대안'을 찾겠다는 희망을 꿈꾸던 날이었습니다. 공교롭게도 저는 일 년이 지난 오늘 다시 이 자리에서 교수님들과 함께 ''현재'를 너머 '미래'로 나아가자'는 희망을 이야기하고자 합니다.

하퍼 리의「앵무새 죽이기」일부를 인용하겠습니다. 살인 누명을 쓴 흑인 소년의 국선 변론을 맡은 아빠에게 아들이 묻지요. "모든 사람들은 자기가 옳고, 아빠가 틀렸다고 생각하는 것 같아서요…" 아빠는 이렇게 대답합니다. "그들에겐 분명히 그렇게 생각할 권리가 있고, 따라서 그들의 의견을 충분히 존중해 줘야 해." 그리고 덧붙입니다. "하지만 난 다른 사람들과 같이 살아가기 전에 나 자신과 같이 살아야만 해. 다수의 뜻을 따르지 않는 것이 한 가지 있다면 그건 바로 한 인간의 양심이다."라고요. 자연인 이형철 그리고 평교수 개인으로서 양심에 따라 행동하려고 노력해 왔습니다.

지도자의 덕목은 두루 살핌과 넓게 듣는 데에 있다고 할 수 있습니다. 구성원을 살피고 그들의 의견을 듣는 것에 게을리하지 않는다면 당연히 기다림과 성숙의 미가 생겨날 것입니다. 저의 주장이 아닌 교수님들의 뜻을 살피고 그 뜻을 받드는 봉사자로서 의장의 소임을 다 하고자 합니다.

3차례의 홍보물을 통해 제가 하고자 하는 일들 중에서 몇 가지를 골라 빈 바구니에 담았습니다. 이제 교수님들께서 바구니의 나머지 빈 부분을 채워주시고, 침체된 우리 대학이 미래로 나아갈 수 있도록 새로운 '변화'에 동참하여 주십시오.

제가 가장 먼저 생각한 교수회의 당면한 과제는 '신뢰받는 교수회'입니다.

저는 교수헌장의 핵심인 '교수는 학문의 자유와 대학의 자치를 수호하고 사회적 양심을 지키는 역할을 다해야 한다.'라는 말을 교수님들과 함께 상기하고 싶습니다. 안타깝게도 경북대 교수회는 그 동안 총장간선제 전환 및 총장임용과정에서 이 정신을 지키지 못한 아픔을 겪었습니다. 우리는 국가 권력이 강요하는 부당함에 순응하며 주어진 틀 안에서 생존하는 방법을 터득하였습니다. 이제 '우리가 거기에 익숙해져 버린 것이 아닌지' 반문해 봅니다. 저는 정권의 부당한 간섭에는 당당하게 저항하고 교육부의 갑질에는 확실하게 방패막이 역할을 다 하는 교수회 의장이 되겠습니다.

교수님들께서 충분히 공감하실 정도로 교수회를 투명하게 운영하겠습니다. 대학의 주요 현안은 공청회와 숙의 과정을 거쳐 결정할 것입니다.

교수회가 두 번째로 해결해야 할 과제는 "명예로운 교수"의 지위를 회복시키는 것입니다.

교수는 진리의 추구자이며 사회의 양심을 지키는 최후의 보루로서 교수님 한 분 한 분의 명예는 존중받아야 합니다. 저는 열악해진 교수님의 기본 생존권을 보장하고, 교육연구환경 개선과 복지 증진, 그리고 다양성 제고를 통해 무너진 교수님의 명예와 자부심을 회복할 수 있도록 최선을 다하겠습니다.

성과급적 연봉제는 반드시 폐지되어야 합니다. 기본에 충실한 교수에게는 안정적인 보상이 제공되고, 탁월한 연구업적을 남긴 교수에게는 그에 상응하는 명예와 인센티브가 제공되도록 평가 시스템을 개선하여야 합니다. 줄어든 대학회계예산 때문에 이미 예상되고 있는 '교육·연구 및 학생지도 비용'의 삭감을 저지하고, 이를 '통상임금화'하도록 노력하겠습니다. 연구년/안식년은 연구업적에 따라 경쟁적으로 선정되는 것이 아니라 당연하게 누리는 권리이어야 합니다.

승진에 필요한 연구실적의 현실화, 교내 학술연구비 보장 그리고 '상주캠퍼스 발전방안'을 실천할 구체적 방안을 강구하겠습니다. 또한

다양성위원회 설치를 위해 노력하겠습니다.

저녁/주말 식사가 가능한 카페테리아와 교수 라운지를 운영하도록 본부와 협의하겠습니다. 과감한 행정간소화를 통해 불필요한 행정업무로부터 해방될 수 있도록 꼼꼼히 챙기겠습니다.

마지막 주제는 아마도 제가 교수회 의장에 출마한다는 소식을 전해 듣고 많은 교수님들이 궁금해 하셨을 '정의로운 경북대'입니다.

지난 3년간 경북대는 총장임명과 관련하여 깊은 상처를 입었습니다. 경북대의 운명은 외부 요인에 의해 결정되었고 급기야 경북대는 2년여 간의 총장공백 사태를 겪었습니다. 불행하게도 경북대 구성원들의 뜻에 반하는 방식으로 총장이 임명되고 말았습니다. 총장후보자 추천과정에서 위법한 일들이 벌어진 진실도 밝혀졌습니다. 이제 그 진실을 대면하고 '어떻게 아픔을 치유할지'를 결정해야 합니다.

교수님들께 말씀드립니다.

경북대의 운명은 우리가 결정합시다!
경북대의 미래를 결정할 수 있는 권리를 교수님들께 되돌려드리고자 합니다. 경북대가 앞으로 나아갈 방향을 교수님들께서 총의를 모아 결정해 주신다면, 그 뜻을 겸허하고 충실히 받들겠습니다. 제가 의장에 당선되면 교수님들의 고귀한 뜻을 모아 이 상황을 조속히 매듭짓도록 하겠습니다. 또한 이미 교수 총투표를 통해 결정된 총장직선제도 조기에 안착시킬 것입니다.

교수회가 견제와 비판의 기능을 충실히 수행할 때 정의로운 경북대가 구현된다고 확신합니다. 또한 경북대의 발전이라는 공동의 목표를 실현하기 위해서라면 먼저 본부에 손을 내밀어 긴밀히 협조하겠습니다. 이러한 견제와 협력의 기능을 다하려면 교수회가 최고 의결기구로 위상을 유지해야 합니다. 최근 고등교육법이 개정됨에 따라 대학평의원회가 설치될 것으로 예상됩니다. 이에 대비해 교수회는 그 정체성을 더욱 분명히 해야만 합니다. 저는 경북대 교수회가 쌓아온 대학민주화를 선도하는 자랑스러운 전통을 지키기 위해 최선을 다할 것입니다. 또한 대학 내에 공론화를 위한 참여의 장을 만드는 데에도 노력을 아끼지 않겠습니다.

앞도 보지 못한 헬렌 켈러는 이렇게 말했습니다. "얼굴이 계속 햇빛을 향하도록 하라. 그러면 당신의 그림자를 볼 수 없을 것이다."라고요.

우리 모두가 함께 한다면 이룰 수 있습니다. 우리가 바로 변화의 주체이고 주인이기 때문입니다.

32

제22대 경북대학교 교수회의장 취임사

경북대학교 제22대 교수회 의장 이형철 인사드립니다.

제22대 교수회 출범식에 참석하여 자리를 빛내주신 김상동 총장님, 노동일 전총장님 그리고 류진춘 교수회 전의장님을 비롯한 전임 의장님들, 단대 교수회 의장님들과 학장님들, 그리고 교수회 평의원님과 경북대 구성원 단체의 대표 여러분, 특히 이 자리에 참석해 주신 모든 경북대 교수님들께 제22대 교수회를 대표해 진심으로 감사의 인사를 드립니다. 또 먼 걸음을 하여 주신 부산대 교수회와 평의원회 의장님이신 박홍원 회장님께 감사드립니다.

먼저 제21대 교수회 의장으로서 2년간 소임을 다해주신 제21대 교수회 윤재석 의장과 임원진께 감사드립니다.

제22대 교수회의 출범을 선언하면서 앞으로 교수회가 나아길 방향을 천명하고자 합니다. '신뢰받는 교수회, 명예로운 교수, 정의로운 경북대'를 지향하면서 "**함께하는 교수회**"를 만들어 나가겠습니다.

- '**신뢰받는 교수회**'는 교수회의 당면 과제입니다. 교수회 평의회와 교수회의 각종 의사결정 시스템을 정비하여 모두가 공감할 수 있도록 투명하게 운영하겠습니다. 대학의 주요현안은 공청회와 숙의과정을 거쳐 결정해 나갈 것입니다. 젊은 교수님들도 함께 참여할 수 있는 교수회로 거듭나겠습니다. 이미 '교수회 평의회 운영 개선 방안'은 마련해 놓았습니다.
- 교수는 진리를 추구하며 사회의 양심을 지키는 최후의 보루입니다. '**명예로운 교수**'는 교수로서 본연의 임무를 충실히 수행하는 것에서부터 시작된다고 생각합니다. 성실하게 책무를 다하는 교수님께서 존중과 대우를 받는 대학 문화를 정착시켜 나가겠습니다. 교수님들의 능력과 노력이 대접받고 있다고 느끼실 수 있도록 작은 것부터 하나씩 챙겨 나가겠습니다.
- 존경하는 교수님 여러분, 함께 '**정의로운 경북대**'를 만들어 갑시다. 저는 우리 대학의 교시인 '**진리, 긍지, 봉사**'가 구현될 때, '정의로운 경북대'는 실현된다고 생각합니다. 제22대 교수회는 시대적 소명의식을 가지고 뚜벅뚜벅 나아가겠습니다. 그리하여 '정의로운 경북대'를 만들어 가는 과정에서 그 어떤 부당한 개입이나 간섭과 외압도 막아내겠습니다.

교수회는 교수님의 처우가 개선되고 불필요한 행정 부담으로부터 벗어날 수 있도록 노력하겠습니다. 우선 교수님께서 받고 계신 급여가 '어떤 방식으로 산정되고', '언제', 그리고 '어떻게' 지급되는지에 대한 자료를 만들어 교수님께서 쉽게 이해하실 수 있도록 하겠습니다. 그리고 타 거점국립대학의 교수처우 수준과 비교하여 경북대 위상과 교수님들의 노고에 걸맞은 대우를 받을 수 있도록 지속적으로 노력하겠습니다. 제22대 교수회는 당장 실천할 수 있는 일들은 바로 실행하고 중장기적으로 해결해야 할 사안들은 면밀하게 계획을 수립하여 차근차근 추진하겠습니다.

오늘 이 자리를 빌려 기쁜 마음으로 알려드릴 것이 있습니다. 제22대 교수회 의장 후보로서 교수복지와 관련하여 공약했던 '교수라운지' 조성에 필요한 예산 1억 원을 확보하였습니다. 교수회 라운지 조성에 1억 원이라는 거금을 쾌척해 주신 대주기계 이재형 대표이사님께 감사의 인사를 드립니다. '**교수라운지**' 조성을 위해 총장님께서도 적극적으로 협조해 주실 것이라 믿고 있으며, 빠른 시일 내에 교수님들께서 이용하실 수 있기를 희망합니다. 교수라운지는 'HAS(humanity, art, and science) **강연**' 등을 통해 다양한 전공분야의 교수님들께서 서로 소통하실 수 있는 쾌적한 공간이 될 것이라 기대합니다.

저는 교수회의장 선거 과정에서 14가지 선거공약을 약속드린 바 있습니다. 교수님들과의 약속을 지키기 위한 대부분의 계획을 수립하였습니다. 구체적인 이행 실적은 앞으로 제때제때 보고 드리겠습니다.

경북대 교수회는 교수 권익 보호의 기능뿐만 아니라, 교수 대의기구로서 경북대 발전을 위한 정책 개발과 교육 및 연구 방향을 설정하는 책무도 안고 있습니다. 국립대 발전방안, 국립대 예산 확보를 위한 노력, 그리고 대학 민주화를 위한 정책 개발에도 관심을 갖고 주어진 역할을 다하겠습니다. '전국국공립대학교 교수회 연합회' 그리고 '거점국립대학교 교수회 연합회'와 연대하면 우리 대학뿐만 아니라 현재 국공립대학교가 겪고 있는 여러 문제들을 해결하는 성과를 거둘 수 있을 것입니다. 저는 지난주 국교련과 거국련 총회에 참석하였습니다.

이 자리에서 우리나라 국공립대학이 처한 참담한 현실이 비슷할 뿐만 아니라, 그동안 누적되어온 대학 안팎의 적폐 청산도 시급하다는 사실을 재차 실감하였습니다. 국교련과 거국련 총회에 참석한 많은 대학의 교수회 회장님들이 그동안 대학 민주화를 선도해온 경북대 교수회가 문제 해결에 앞장서 줄 것을 요청하였습니다. 저는 그 자리에서 앞으로 우리나라 국공립대학교의 정상화와 고등교육의 발전을 위해 국교련 및 거국련과 연대하고 저에게 주어진 역할을 다하겠다고 약속하였습니다. 대학 간의 연대를 통해 개별 대학이 해결하지 못하고 있는 '교연비의 통상임금화', '성과급적 연봉제 폐지', 'KORUS 폐지', 그리고 '고등교육에 대한 국가 투자 정상화'와 같은 주요 현안들을 함께 풀어나갈 것입니다.

교수회 본연의 임무는 대학 발전에 기여하는 것입니다. 대학 발전이라는 공동의 목표를 실현하기 위해 본부와 협조하면서도 필요할 때에는 건전한 비판과 견제를 통해 대학 발전의 중심과 균형을 흔들림 없이 잡도록 하겠습니다. 교수회가 이런 책임과 역할을 다할 수 있도록 대학 본부도 노력하고 협력해줄 것이라 생각합니다.

존경하는 경북대 교수님 여러분!

경북대 교수회는 민주적 전통의 역사를 가지고 있습니다. 제22대 교수회는 우리의 자랑스러운 전통을 계승하는 한편, 경북대의 재도약을 위해 최선을 다할 것을 약속드립니다. 지난해 11월 고등교육법이 개정되어 당장 「대학평의원회」를 설치하여야 합니다. 「대학평의원회」 설치 목적은 '대학의 자율성 회복과 지배구조의 민주화'에 있습니다. 제22대 교수회도 이에 부합하는 방향으로 「대학평의원회」의 설치를 준비하고 있습니다. 여기에서 명심해야 할 것은 우리 경북대의 경우, 자랑스러운 선배 교수님들의 희생과 노력으로 교수회 평의회가 실질적인 우리 대학 "최고 의결기구"의 역할을 수행하며, 대학 민주화를 선도해 왔다는 사실입니다. 이 자리를 빌려 우리 대학 모든 구성원들께 분명히 말씀드립니다. 개정된 고등교육법에 따르면, 오는 5월에 설치 예정인「대학평의원회」는 대학을 구성하는 다양한 직군과 단체의 대표들이 모여 '대학의 주요 현안을 심의·자문' 하도록 그 구성과 역할을 규정하고 있습니다. 따라서 교수회 평의회와「대학평의원회」는 구성과 역할이 분명하게 구별되는 기구입니다. 제22대 교수회는 고등교육법의 정신을 존중하여 대학의 자율성과 지배구조의 민주화를 한층 더 발전시키는 방향으로「대학평의원회」의 설치를 추진해 나갈 것입니다.

경북대는 2017년도 국공립대학교 청렴도 측정결과에서 '종합청렴도'가 평가대상 총 36개교 중 32위로 평가되어 최하등급인 5등급으로 분류되었습니다. 이는 우리 경북대를 바라보는 외부 시각의 한 단면이며, 저를 비롯한 우리 구성원 모두가 반성해야 할 점이라 생각합니다. 교수회는 이미 2016년 '교수헌장'을 제정하면서 교수의 책무를 되돌아보고 청렴도 제고를 위한 선제적인 노력을 하였습니다. 최근 도덕적 의무와 책무에 대한 요구가 사회전반에서 강해지고 있습니다. 우리대학 본부도 원칙과 상식을 지키며 정의로운 경북대를 재건하는데 최선을 다해주시길 요청드립니다. 교수회도 최선을 다하겠습니다.

'이제 경북대의 미래를 다시 이야기합시다!'

목소리를 내 주십시오!
교수회는 여러분의 목소리를 귀 기울여 듣겠습니다.

존경하는 교수님!
우리가 함께하면 가능합니다!

제22대 교수회의 부족한 부분은 채워주시고 '함께하는 교수회'를 만들어 나가는 길에 동참하여 주시길 부탁드립니다.

33
신임교수 환영회 인사말

친애하는 신임교수님 여러분 모두 환영합니다.

이렇게 의미 있는 자리에 참석해 주신 단과대학 교수회 의장님 그리고 여교수회 회장님을 비롯한 임원진 여러분께 감사의 인사를 드립니다.

그리고 지난 화요일 교수회 출범식에 이어 신임교수 환영회를 준비하느라 많이 고생하신 제22대 교수회 임원진과 사무처 직원들께도 인사드립니다. 감사합니다.

먼저 2017년 하반기에 임용되신 무늬만 신임교수님과 2018년 3월에 임용되신 진짜 신임교수님 여러분, 경북대학교에 오심을 환영하며 동료 교수로서 따뜻한 인사를 드립니다.

저는 지난 수요일 신임교수 연수회에서 신임교수 여러분들이 소감과 각오를 밝히는 것을 듣고 한편으로는 감동하고 또 한편으로는 반성하게 되었습니다. 제가 초임 때 어떤 모습이었나를 회상하면서 현재모습을 돌아보며 옷깃을 다시 매만지는 계기를 만들어 주셨습니다. 감사합니다. '이번에 경북대가 정말 훌륭한 교수님들을 모시게 되었다, 행운이 넝쿨째 들어 왔다.'는 생각을 했습니다. 자랑스럽습니다.

오늘 신임교수 환영회는 우리 모두가 동료 교수로서 얼굴을 익히고 즐겁게 담소하며 아름다운 추억을 만드는 자리입니다. 이번에 임용되신 국악학과의 김성진 교수님께서 훌륭한 피리 연주를 해주실 것인데 기대 됩니다. 특히 우리학교의 자랑스러운 소프라노인 음악학과 유소영 교수님께서 선배 교수로서 화답해 주셔서 선배들의 체면을 세워주셨습니다. 두 분 교수님께 감사합니다.

사무처장이 환영사를 짧게 하라고 요청하였는데 그래도 '공자 말씀'을 드리겠습니다.

신임교수 여러분, 교수로서 그리고 학자로서 열심히 교육하고 연구하는 데에 정진하시길 바랍니다. 우리는 자신 본연의 임무에 충실할 때, 성취감과 자존감을 느낍니다. 또 행복하기 위해 노력하고 즐기시라는 부탁도 드립니다. 자신이 행복하고 교수로서 성취감을 느끼면, 우리 사회는 살기 좋은 곳이 되고 경북대학교의 발전은 당연히 따라오게 됩니다. 또 우리가 함께 비전을 공유했으면 합니다. 비전을 공유하려면 같은 방향을 바라보아야 합니다. 함께 마음을 열고 이야기하며 상대방의 입장을 이해하고 같은 방향을 바라보기 위해 노력을 하면 대부분의 문제는 해결될 것이라 확신합니다. 그러면 동료 교수님들과 그리고 학생들과의 생활이 즐거움이 될 것입니다.

신임 교수 여러분, 여러분은 자랑스런 경북대학교의 교수입니다. 전통의 경북대학교 가족이 되었다는 사실에 긍지를 가지셔도 좋습니다. 또 여러분의 신분은 이미 배포해 드린 자료에도 나와 있는 것처럼 헌법과 법률로 보장되어 있습니다. 교원의 지위는 헌법이, 교원의 대우 그리고 교권의 존중과 신분은 법률이 보장하고 있습니다. 우리 사회가 여러분들에게 큰 기대를 하고 있으며 그에 상응하는 대우를 하겠다고 약속한 것입니다.

이제 여러분들이 꿈꾸어 오던 교육과 연구에 대한 꿈을 맘껏 펼치시기 바랍니다. 이미 제가 신임교수 연수회에서 말씀드린 바와 같이 교수회는 어머니와 같은 역할을 하는 기구입니다. 경북대학교 교수회는 자랑스러운 선배 교수님들의 노력으로 다른 대학에서 유래를 찾아볼 수 없는 학칙이 정한 최고 의결기구로서 기능을 수행해 오고 있습니다. 그만큼 경북대학교 교수회는 여러 교수님들의 편에 서서 어려울 때 도울 수 있는 역할을 할 수 있습니다. 제22대 교수회는 '신뢰받는 교수회, 명예로운 교수, 정의로운 경북대학교'를 만들기 위해 노력하고 있습니다. 교수님들의 품격을 지키고 명예를 더 높일 수 있도록 항상 교수님의 옆에 함께 서 있겠습니다.

경북대학교는 국립대학교입니다. 즉 정부기구이고 국민의 세금으로 운영되는 대학입니다. 따라서 국립대학교 교수들의 책무는 막중하다고 할 수 있습니다. 최근 들어 사회지도층에 대해 도덕적 의무와 책무에 대한 요구가 더욱 강해지고 있습니다. 항상 자신을 돌아보며 존경받는 스승이 되기 위해 노력해 주십시오. 경북대학교 교수회는 교수 헌장을 제정하였습니다. 공과대학 정은실 교수님께서 낭독하게 되실 텐데, 교수 헌장의 의미를 새겨듣기를 부탁드립니다.

마지막으로 오랜 시간이 지나 정년을 맞이하게 될 때, 이미 많은 선배 교수님들께서 말씀하신 것처럼 '나도 참으로 아름다운 교수시절을 보냈다.'고 할 수 있기를 바랍니다.

마지막으로 다시 한번 경북대 가족이 되심을 축하드리며, 항상 행복하고 삶을 즐기는 여유를 갖는 교수가 되길 기원합니다.

34

제22대 교수회 정기총회 인사말
(제22대 교수회를 마치며...)

존경하는 교수님,

경북대학교 제22대 교수회 정기총회에 참석해 주신 모든 교수님들께 감사드립니다. 오늘 교수총회에서 제23대 교수회 의장 선출을 선출하게 됩니다. 교수회를 둘러싸고 있는 환경이 급변하고 있습니다. 지난 8월 대학평의원회가 신설되었고, 10월 말에는 전국국공립대학교수노조가 창립되었습니다. 이러한 환경 변화에 잘 대처하지 못한다면 대학에서 교수가 설 자리가 좁아지고 교수의 위상과 역할은 위축될 수밖에 없습니다. 오늘 위기의 대학과 교수회 발전에 큰 힘이 될 훌륭한 의장이 선출될 것이라 믿습니다.

경북대학교가 종합대학으로 출범한 이듬해인 1953년, 학칙에 따라 조교수 이상으로 조직된 교수회가 구성되었습니다. 그 후 5.16 군사

정변, 유신정권, 그리고 80년대 군사정권과 같은 격동의 시기를 거치면서 교수회는 유명무실한 기구로 전락하고 말았습니다. 1987년 6.10항쟁과 대학 민주화 운동의 결과로 1988년 교수협의회가 설립되었으며, 2000년에는 현재의 교수회로 재출범하였습니다. 경북대학교 교수회는 학칙이 정하는 바에 따라 학내 최고 의사결정기구로서 대학 발전을 위해 노력하고 있습니다. 교수회는 결코 순탄한 길을 걸어오지 않았습니다. 1999년 당시 교수협의회 의장의 본관단식농성, 교수협의회 비상대책위원회 개최 및 교수들의 본관 점거 농성과 같은 선배 교수들의 희생으로 경북대학교 교수회가 탄생할 수 있었던 것입니다. 영국의 정치철학자인 에드먼드 버크(Edmund Burke)는 "악의 승리에 필요한 유일한 것은, 선량한 사람들의 방관이다.(The only thing necessary for the triumph of evil is for good men to do nothing.)"라고 했습니다. 우리가 참여하고 나설 때, 사회악은 뿌리를 내리지 못하고 역사는 바로 설 수 있습니다. 경북대학교 70년사는 "교수회는 대학의 외형적 팽창에 어울리는 발전과 영광의 역사였다기보다 정권의 집요한 통제와 간섭으로부터 대학의 독립성과 자율성을 지켜가기 위한 도전과 시련의 역사였다. 그리고 구성원들의 내적 의지와 지적 통찰력 수준에 따라, 또 시시각각 변화하는 외부 환경의 명암에 따라 희망과 절망이 함께 교차한 인내의 역사였다."고 말합니다. 시대가 변화함에 따라 교수들의 역할도 변하고 있습니다. 하지만 우리는 선배 교수님들의 희생으로 탄생한 교수회를 다시 교수회가 있어야 할 본래의 자리로 되돌려놓아야 합니다. 교수회는 우리가 지켜나갈 때 제 역할을 다할 수 있습니다. 대학은 진리를 탐구하고 진리를 가르쳐야 존재의 의미를 찾을 수 있습니다. 따라서 대학은 원칙을 준수해야 합니다. 대학 스스로가 원칙을 어긴다면 우리가 어찌 교단에서 학생들에게 원칙을 지키라고 가르칠 수 있겠습니까?

  '신뢰받는 교수회, 명예로운 교수, 정의로운 경북대'를 구현하기 위해 출범한 제22대 교수회는 미력이나마 최선을 다해 매진했습니다. 그 결과 교수님의 신뢰를 회복하고 교수의 명예와 권익을 보호하며 대학 정의 구현을 위한 미미한 성과는 거두었다고 생각합니다. '대학평의원회의 설치, 대학회계 예산 및 재정지원사업 편성, 중장기발전계획 수립, 신임교원 배정, 융합학과 신설'과 같은 각종 대학 현안에 대해 본부-교수회 간에 큰 인식 차이가 있었지만, 교수님들의 성원과 교수회 평의회의 지지 덕분에 상당 부분에서 원칙을 지킬 수 있다고 자부합니다. 경북대학교 교수회가 주최한 각종 토론회와 정책 연구 등을 통해 '한국 국립대학의 길을 묻는다.'는 제목으로 대학정책서적을 발행한 것도 작은 성과로 꼽을 수 있습니다. 제가 의장에 당선되며 '성과급적 연봉제, 교연비, 연구년, 교원업적평가, 학장직선제의 제도 개선'을 약속드렸습니다. 이를 위해 제가 전국국공립대학교교수회연합회 상임회장으로 봉사하며 교육부, 국회, 인사혁신처, 청와대에 이르기까지 각종 국가기관과 '국립대학법' 제정과 '교수처우개선'을 위한 협의체도 구성하고 노력하였지만 구체적인 성과를 낼 수 없었습니다. 하지만 제도 개선을 위한 정책들을 정리하여 자료집으로 작성했습니다. 다음 의장과 국교련 집행부에서 성과를 낼 수 있을 것이라 희망해 봅니다. 또 다른 공약사항이었던 교수 라운지의 설계가 완료되어 내년 상반기에 착공될 수 있게 된 점도 기쁘게 생각합니다.

  제22대 교수회가 원칙을 지키기 위해 노력하는 과정에서 교수님께 피로감을 드리게 된 점은 뼈아프게 생각합니다. 또 제가 교수님들께 약속드리고도 제대로 해결하지 못한 일도 많이 남아있습니다. 남은 임기 동안에 우리가 할 수 있는 일에 최선을 다하겠습니다. 저희의 부족함에 대한 혜량을 부탁드리며, 비록 의도하지는 않았다 하더라도 상처받으신 분들이 계시다면 사과의 말씀 올립니다. 지금까지 교수회를 위해 노력해주신 구양숙 부의장님, 윤두학 부의장님, 최인철 부의장님, 오용석 사무처장님, 권소희 사무부처장님 그리고 하유신 사무부처장님께 진심으로 감사를 드립니다. 작년까지 봉사해 주셨던 박경로 부의장님과 김지식 부의장님께도 감사를 드립니다. 어려운 시기에 한 번도 불협화음 없이 묵묵히 봉사해주신 제22대 임원진들을 위해 큰 박수를 부탁드립니다.

개인적으로 저는 지난 2년간 너무 큰 옷을 입고 있었다는 생각을 해봅니다. 하지만 교수님들의 격려와 염려 덕분에 무사히 교수회 의장으로 봉사할 수 있었습니다. 감사드립니다.

존경하는 교수님,

새로 구성되는 경북대학교 제23대 교수회에 많은 성원을 보내주실 것을 간곡히 부탁드립니다. 교수회가 본연의 임무를 다하려면 교수님들의 적극적인 참여와 성원이 필요합니다. 제22대 교수회도 남은 임기 동안 최선을 다할 것을 약속드립니다.

2019년을 잘 마무리하시고 행복한 새해를 맞이하시길 기원합니다.

새해 복 많이 받으시기 바랍니다.

감사합니다.

35

IT 대학 융복합공학관 준공식 기념사

 지난여름 폭염 때문에 하루하루를 힘들게 보냈는데, 계절의 변화에는 어쩔 수 없는지 이제 아침저녁으로는 제법 선선한 바람이 불어 몸과 마음을 한결 가볍게 합니다. 어제까지 세차게 내리던 비도 그치고 가을의 시작을 알려주는 기분 좋은 가을 바람을 기대하게 합니다. 교수님 그리고 학생, 직원 여러분 여름 방학기간 건강히 잘 지내셨는지요?

 오늘 'IT대학 융복합공학관'의 준공을 맞아 우리 대학 모든 교수님들을 대표하여 조유제 학장님을 비롯한 IT 대학 교수님들, 앞으로 융복합공학관에서 배우고 연구할 기회를 가지게 될 학생 여러분, 그리고 IT 대학의 원활한 운영을 위해 항상 노력하시는 직원 조교 선생님들께도 축하의 인사를 드립니다.

 IT 대학은 1968년 전자공학과로 시작하여 발전을 거듭하면서 현재는 130여명의 교수님들께서 국제경쟁력을 갖춘 IT 분야 최고 인력을 양성하시고 계십니다. 뿐만 아니라 하드웨어에서 소프트웨어 그리고 인공지능에 이르는 다양한 분야에서 국내 최고 수준의 연구 성과를 도출하고, 명실상부한 국내 최고의 IT 대학으로 명성을 떨치고 계십니다.

우스갯소리인지 실화인지 조금 헷갈리지만, 예전에 IT 대학 선배 교수님 한 분께서 해주신 말씀을 떠 올립니다. 자신은 고3때 경북대학교 화공학과에 진학하시려고 했는데 입학안내서에서 '특성화 공대'라는 표현을 보고 '특성 화공대'로 잘못 알아듣고 그만 전자공학과에 진학했고 그 덕분에 지금 우리대학 교수가 되었다는 말씀을 하셨습니다. 이는 선배 교수님들과 IT 졸업생들께서 얼마나 열악한 환경에서 출발하여 지금의 자랑스러운 IT 대학을 만들었는지를 가늠하게 하는 말씀이었습니다.

21세기 과학기술은 누구도 예측하기 힘들 정도로 급속하게 발전하고 있습니다. 아직까지 기억에 생생한 이세돌과 알파고와의 대국은 우리에게 큰 충격으로 다가왔습니다. 인공지능이 인간을 추월하는 상황이 멀지 않다는 두려움과, 엄청난 속도로 발전하는 과학기술 분야에서

그림 22 IT 대학 융복합공학관 전경

잠시라도 한눈을 파는 순간 도태될 수밖에 없다는 경고도 동시에 느꼈습니다. 인공지능과 초고속 통신기술 그리고 자동제어와 같은 4차 산업혁명의 핵심 기술들을 연구하는 대학원생들과 교수님들께 존경을 표하며 응원합니다. 과학기술이 인간과 우리가 살고 있는 지구 환경과 조화롭게 발전해야 한다는 사실도 짚고 넘어가야 합니다. 예를 들어 효율성만을 강조한 자동화는 반드시 일자리의 급격한 감소로 이어지게 되어 있습니다. 4차 산업혁명의 장밋빛 미래와 함께 인간 중심의 사회를 구현해야 한다는 책무도 같이 고민해야 합니다. 경북대학교와 같은 종합대학은 과학과 인문학, 그리고 기술과 예술을 조화롭게 발전 시켜 나가야 합니다. 그래야만 진정한 아카데미 정신이 구현될 것이기 때문입니다.

이 기회를 빌려 교수회에 대해 몇 말씀만 드리겠습니다. 제22대 경북대 교수회는 '신뢰받는 교수회, 명예로운 교수, 정의로운 경북대'를 지향하면서 출범하였습니다. 벌써 6개월이 지났는데, 교수회가 제 역할을 다하고 있는지 자문하고 반성해 봅니다. 우리 교수회는 전국국공립대학교수회연합회와 힘을 모아, 교수님들께서 국립대학 교수로서 명예롭게 교육과 연구에 매진할 수 있는 환경을 조성해 나가기 위해 노력하고 있습니다. 비정년보장 교원의 누적식 성과급적 연봉제의 폐지와 교육연구학생지도비의 제도개선을 최우선 과제로 추진하고 있습니다. 또한 국립대학법 제정에 힘을 기울여 국립대학에 법적지위를 부여하고 이를 발판으로 재정지원도 확대되도록 힘쓰겠습니다. 그리고 교수회는 대학 본부와 서로 협력하고 경북대 발전을 위해 노력할 것입니다. 또한 교수회 본연의 임무인 견제와 비판의 기능도 소홀치 않겠습니다.

교육연구시설로 활용되는 IT 대학 융복합공학관의 준공을 축하하며 융복합공학관의 새로운 터전에서 경북대학교 IT 대학이 국내 최고가 아닌 세계 최고 수준의 IT 대학으로 도약할 것이라 확신합니다.

다시 한번 IT 대학 교수님들과 학생 여러분들께 축하의 인사를 드립니다.

〈경북대학교 IT 대학 융복합공학관 준공식 기념사〉

36

인문학술진흥관 준공식 기념사

약 6년간의 긴 공사 기간을 뒤로하고 이렇게 훌륭한 인문학술진흥관의 개관 행사를 갖게 되어 인문대학 가족 여러분들께 진심으로 축하의 인사를 드립니다.

얼마 전 70년대까지 국문학과, 사학과, 철학과는 본관 4층에 자리를 잡고 있었고 입학면접을 본관에서 치루었다는 이야기를 들었습니다. 경북대가 인문학의 중요성을 잘 인식하고 그에 걸맞은 대우를 했었던 것 같습니다. 우리 대학교의 중심이 되는 위치에 자리 잡은 인문진흥관에서 인문대학이 제2의 전성기를 맞이하기를 기원합니다.

물리학자가 주제넘게 역사에 대해 짧은 소견을 몇 말씀 드리겠습니다. 역사는 사전적으로 역사서에 문자로 기술된 과거와 그에 대한 연구로 이해할 수 있을 것입니다. 혹자는 역사가 단순히 사실의 기록이라고 말하기도 하지만, 역사는 사람을 만나는 과정이며 나보다 앞서 살았던 사람들의 삶을 들여다보면서 나는 어떻게 살 것인지를 고민하고, 또

이를 바탕으로 실천할 수 있도록 도와주는 존재로 이해하는 것이 더 타당할 수 있습니다.

역사학자인 에드워드 핼릿 카(E. H. Carr)를 인용하고자 합니다. "Fact를 갖지 못한 역사가는 뿌리가 없는 존재이고, 역사가를 만나지 못한 fact는 죽은 것이나 마찬가지다."고 했습니다. 훌륭한 역사서에는 역사적 사실과 논리적 해석뿐만 아니라 도덕적·인간적 감정이 덧입혀져 있습니다. 역사서의 힘은 사실을 기록하고 그것을 전승하는 데에 국한되지 않고, 시공간을 초월하여 희노애락의 인간적 감정과 도덕적 호소를 나누는 데에 있다고 할 것입니다. 카는 "역사란 과거와 현재의 끝없는 대화"라 했습니다. 우리는 역사서를 펼쳐 들었을 때 저자의 이름만이 아니라 저자가 살았던 삶과 역사서가 집필되었던 시대상을 동시에 떠올려야 합니다.

이런 맥락 속에서 경북대학교의 역사서는 지금 나와의 대화입니다. 많은 논란이 있는 경북대학교 70년사 문제가 원칙에 맞는 해결책을

그림 23 경북대학교 인문학술진흥관 전경

찾기를 희망해 봅니다. 그 과정에 인문대학 교수님들의 역할이 중요하다고 생각합니다. 저는 인문대학 가족들이 인문학술진흥관이라는 훌륭한 새집에 입주하게 되었으니, 좋은 여건 속에서 내실을 다져 인문대학의 발전과 인문학진흥을 이루실 것이라 확신합니다.

인문대학과 교수님들의 큰 발전을 기대합니다.

〈경북대학교 인문학술진흥관 준공식 기념사〉

37

정년퇴임 교수 환송회 인사말

    교수를 천직으로 생각하시며 연구와 교육 그리고 봉사에 충실하셨고 스승의 참 모습을 몸소 실천하신 21분의 교수님들께서 정년을 맞이하셨습니다. 1,200명의 교수를 대표하여 교수님들께 존경의 마음을 담아 축하의 인사를 드립니다. 오랜 시간 동안 스승의 길을 걸을 수 있도록 든든한 버팀목이 되어주신 교수님 가족 여러분께도 머리 숙여 감사의 인사를 드립니다.

    놀라운 속도로 급속하게 변하는 시대상을 보면서 우리 스스로가 깜짝깜짝 놀라게 됩니다. 제가 1985년에 지금 우리가 사용하고 있는 PC의 원조인 소위 8086 프로세스가 장착된 XT를 샀던 기억을 떠올려봅니다. 당시 들뜬 기분으로 포장을 뜯고 떨리는 손으로 사용 설명서의 머리말부터 읽기 시작했습니다. 머리말에는 "언젠가는 PC로 동영상을 볼 수 있는 날이 올 것이다."고 적혀있었습니다. 이제 세상이 바뀌어 누구나 손에 쥐고 있는 스마트폰으로 수초 내에 동영상을 내려받고 즐길 수 있는 시대가 도래했습니다. 상상 속에서나 그려보던 일들이 일상화되었지만 우리의 삶이 더 행복해졌는지 반문해 보게 됩니다.

대학의 모습도 컴퓨터의 발전과 비슷한 양상으로 변하고 있는 것 같습니다. 교수님들께서 경북대에 첫발을 들여놓으실 때 모습과 지금의 경북대는 알아보기 힘들게 바뀌었을 것입니다. 하지만 발전이 행복한 삶을 가져다주었냐는 질문에 대해 확신이 서지 않듯이 변화한 대학의 모습이 진정 대학이 추구해야 하는 방향인지 의문이 듭니다. 높아만 가는 건물들 속에서 대학은 찾아볼 수 없고, 쌓여만 가는 논문들 속에서 학문은 그 빛이 바래고 있다는 느낌을 지울 수 없습니다. 스승과 제자의 관계, 그리고 교수와 직원의 관계에 혼란이 오고 있습니다. 강의 시간에 학생들이 마치 달관한 사람처럼 아무런 반응은 보이지 않는 것에 적응하기 힘들어하는 교수도 많습니다. 부모 자식 사이의 관계도 변하고 있는데 그게 뭐가 대수냐고 할 수도 있습니다. 하지만 변화의 과정에서도 진정 우리가 지켜야 하는 가치는 분명합니다. 항상 뒤를 돌아보고 또 경계하면서 앞을 향해 나아가야 할 것입니다. 기꺼이 변화를 수용하되 행복한 삶을 만들어 나가기 위해서는 유연한 자세로 변화를 내 것으로 내재화하는 지혜와 노력이 필요하다고 생각합니다.

라틴어 경구 하나를 패러디하고자 합니다. "Hodie tibi, cras mihi!" 오늘은 당신, 내일은 나!라는 뜻입니다. 조만간 저희가 교수님들께서 걸어가신 길을 따라 걷게 될 것입니다. 부끄럽지 않기 위해 우리 후배 교수들은 비록 어렵겠지만 마음을 다해 대학다운 대학을 만들기에 노력할 것을 약속드립니다.

오늘 정년을 맞이하시는 교수님들의 빈자리가 크게 느껴집니다.

이제 교수로서 해야 하는 일을 하는 것이 아니라, 하고 싶은 일을 마음껏 할 수 있는 제2의 인생을 즐기시길 기원합니다. 항상 건강하시고, 행복하시길 바랍니다.

그동안 혼을 다해 후학들을 길러내시느라 노력하신 교수님들께 다시 한번 감사의 인사를 드립니다.

〈경북대학교 정년퇴임교수 환송회 인사말〉

38
제18대 경북대학교 총장 중간평가 발간사

    1980년대 중반에 PC의 원조인 XT의 사용 설명서에서 "언젠가는 PC로 동영상을 볼 수 있는 날이 올 것이다."라는 대목을 읽은 기억을 떠올려 봅니다. '알파고'가 인류 최고 바둑 기사들과의 대국에서 연전연승하고는 대적할 상대가 없다며 홀연히 은퇴하였습니다. 인간의 지적 수준을 뛰어넘는 인공지능과 생명과학의 도움으로 무병장수를 넘어서는 영생을 의미하는 21세기의 특이점이 더 이상 상상 속에만 머물러 있지 않습니다. 독일의 막스 플랑크(Max Planck)는 "과학은 장례식의 수만큼 발전한다."고 했습니다. 인류 사회의 급변하는 모습을 단편적으로 보여주고 변화와 혁신이 시대적 소명이 되었음을 말해 주는 사례들이라 하겠습니다.

    2019년! 대한민국의 대학도 변화하고 혁신해야 합니다. '제도 교육이 이루어지는 장소로서의 대학교(大學校)'가 아닌 '지적 혁신을 통해 인류 발전을 견인하는 대학(大學)'으로 거듭나야 합니다. 경북대학교는 국내 최고 거점 국립대학이라는 역사와 전통을 자랑하고 있습니다. 하지만 대학의 생명인 학문의 자유가 돈과 권력, 교육부의 압력에 휘둘리고 교육과 연구의 경쟁력은 추락하고 있는 우리 대학의 현실을 직시하고 새로운 도약의 기회를 마련해야 합니다. 우리 대학의 구성원들이 함께 소통하고 뜻을 모아 비전을 공유할 때 비로소 새로운 시작을 이야기할 수 있습니다.

2012년에 교육부는 '대학 교육역량사업'을 수단으로 국립대학의 총장직선제를 폐지하도록 강요하였습니다. 더 나아가 2014년에 교육부는 우여곡절을 겪으면서까지 '경북대학교 총장임용추천위원회'가 간선제 방식으로 선출한 총장임용후보자의 임용제청을 거부하였습니다. 그 결과 경북대학교는 2년간 총장 공석 사태를 겪었습니다. 장기화되는 총장 공석 사태를 해결하겠다는 명분으로 제21대 교수회는 2016년 8월에 구성원들도 모르는 재선출이라는 방식으로 총장임용후보자 재추천을 단행하였고, 2016년 10월 김상동 교수가 제18대 경북대학교 총장으로 취임하였습니다. 오늘 제22대 교수회가 발간하는 「총장 중간평가 보고서」는 임기 중반을 맞은 김상동 총장에게 보내는 경북대학교 구성원들의 목소리를 담고 있습니다.

이번 총장 중간평가는 교수뿐만 아니라 학생과 직원이 함께 참여하여 대학의 현황을 논의하고 미래를 고민하는 기회였다는 점에서 중요한 의미를 가집니다. 하지만 온라인 설문조사의 특성을 감안하더라도 직원과 학생의 설문조사 참여율이 저조했고 교수들의 참여율도 과거 총장 중간평가에 비해 낮았다는 점은 아쉬움으로 남습니다. 이는 성과급적 연봉제와 같이 교수 사회를 파편화시키는 교육부가 주도한 국립대학 정책의 결과이며 대학 자치에 무관심한 학생 사회의 단면이라고 할 수 있습니다. 이러한 한계에도 불구하고 이번 총장 중간평가는 처음으로 대학 모든 구성원들이 참여하였다는 이정표를 세웠습니다.

대학의 의사결정 권한을 독점하고 있는 총장의 무게는 지대하고 그 책임은 막중합니다. 경북대학교 교수회는 제18대 김상동 총장의 임기 2년 동안의 공과를 평가하고 남은 임기 동안 경북대학교 발전을 위해 새로운 각오와 다짐으로 노력해달라는 뜻을 모아「총장 중간평가 보고서」를 발간합니다.

「총장 중간평가 특별위원회」활동에 헌신하신 김형래 위원장님과 엄기홍, 엄창옥, 김상걸, 김동근, 구양숙, 박경로 교수님께 진심으로 감사를 드립니다.

39

제22대 교수회 백서 발간사

　경북대학교 제22대 교수회는 박근혜 정부가 2순위 총장후보자를 총장으로 임명하면서 야기된 학내 갈등 분위기가 고조된 상황에서 출범하였습니다. 2018년 3월 1일부터 2020년 2월 29일까지 2년간의 임기를 무사히 마치고 제23대 교수회에 자리를 넘겨줄 수 있도록 도와주신 경북대 교수님들께 감사의 인사를 드립니다.

　2016년 김상동 총장이 취임하면서 불거진 '경북대학교 70년사' 사태를 지켜보면서, 대학 기록물과 역사서의 중요성을 재차 확인할 수 있었습니다. 역사는 사전적으로 '역사서에 문자로 기술된 과거와 그에 관한 연구'로 이해할 수 있을 것입니다. 혹자는 역사는 단순한 사실의 기록이라고 말하기도 하지만, 역사는 사람을 만나는 과정이며 나보다 앞서 살았던 사람들의 삶을 들여다보면서 나는 어떻게 살 것인지를 고민하고 또 이를 바탕으로 실천할 수 있도록 도와주는 존재로 이해하는 것이 타당할 것입니다.

역사학자인 에드워드 핼릿 카(Edward Hallett Ted Carr)는 "fact를 갖지 못한 역사가는 뿌리가 없는 존재이고, 역사가를 만나지 못한 fact는 죽은 것이나 마찬가지다."라고 했습니다. 훌륭한 역사서에는 역사적 사실과 논리적 해석뿐만 아니라 도덕적·인간적 감정이 덧입혀져 있습니다. 역사서의 힘은 사실을 기록하고 그것을 전승하는 데에 국한되지 않고, 시공간을 초월하여 희노애락의 인간적 감정과 도덕적 호소를 나누는 데에 있다고 할 것입니다. 카는 '역사란 과거와 현재의 끝없는 대화'라 했습니다. 우리는 역사서를 펼쳐 들었을 때 저자의 이름만이 아니라 저자가 살았던 삶과 역사서가 집필되었던 시대상을 동시에 떠올려야 할 것입니다.

교수회 백서는 일반적으로 교수회의 공식 활동을 자료와 회의록에 기초하여 관련 자료를 재구성하고 편집하여 발간한 형식을 취하고 있습니다. 하지만 제22대 교수회의 백서에는 기존 백서의 내용과 더불어 교수회의 활동 내용을 상세히 덧붙이고자 합니다. 지난 2년간의 교수회 활동을 본질적으로 파악할 수 있도록 입체적으로 조명하고 주제별로 요약하여 작성하고 필요한 경우 집필자의 의견을 추가하였습니다. 본 백서의 집필 의도는 제22대 교수회의 공과(功過)를 정확히 파악하여 반면교사(反面敎師)로 삼아 전철(前轍)을 되풀이하지 않도록 하는 것입니다. 또한 향후 발간될 '경북대학교 교수회 40년사 또는 경북대학교 80년사' 집필에 도움이 되길 바라는 소박한 희망도 있습니다. 본 백서는 제22대 교수회 임원진이 작성하였기에, 교수회의 주관적인 관점에서 기술되었다는 분명한 한계점을 가지고 있을 것입니다. 하지만 후대의 공정한 평가가 가능하도록, 그리고 경북대학교 및 교수회 역사서 집필에 활용할 수 있도록 백서 내용을 객관적인 자료에 근거하여 기술하도록 노력하였습니다. 그리고 관련 자료를 제시하고 첨부 자료와 참고

자료를 활용할 수 있도록 하였습니다.

대과 없이 제22대 교수회 임기를 무사히 마칠 수 있도록 도와주시고 또 성원을 보내주신 모든 분들께 진심으로 감사의 인사를 드립니다. 지난 2년간 어려운 여건 속에서도 교수회 평의원으로 활약해 주신 교수님 한분 한분을 떠올리며 감사의 인사를 드립니다. 제22대 교수회 임원으로 봉사해주신 구양숙, 박경로(전반부 1년), 김지식(전반부 1년), 윤두학(후반부 1년), 최인철(후반부 1년) 부의장께 진심으로 감사드립니다. 사무처에서 묵묵히 자리를 지키고 궂은일을 마다하지 않으신 오용석 사무처장과 권소희, 하유신 부처장께 머리 숙여 감사의 인사를 드립니다.

경북대학교의 가장 큰 자산인 자랑스러운 경북대학교 교수님 모든 분들께 감사의 인사를 드리며 제22대 교수회 백서를 헌정합니다.

감사합니다.

40
교수신문의 창간 기념사

교수신문의 창간 27주년을 진심으로 축하합니다.

전체 교수 사회를 대변하는 정론지를 지향하며 1992년 창간한 교수신문은 '학문의 자유와 대학 민주화에 기여했을 뿐만 아니라 학술정보 제공 및 교권 수호'에 버팀목이 되었습니다. 앞으로도 교수신문이 대학 정책의 대안을 제시하고 고등교육 발전을 견인하는 역할을 수행하길 기대합니다.

최근 10여 년간 우리나라 대학은 발전과 국제경쟁력 강화를 논의하기는커녕 생존을 위한 처절한 몸부림을 쳐왔습니다. 학령인구 감소에 따른 대학구조조정은 더 이상 피해갈 수 없는 현실이 되었습니다. 엄중한 대학의 위기 상황에서도 고등교육 정책은 찾아 볼 수 없다는 자조적 독백이 우리나라 대학의 현실을 대변하고 있습니다. 인류사를 돌이켜 보면 대학은 문화, 학문 그리고 연구의 중심이었습니다. 21세기 대학은 전통적 임무 이외에 인간과 자연이 조화롭게 살아가는 방법을 찾아내고 과학기술의 어두운 측면인 인간소외 현상을 해소해야 하는 새로운 과제도 부여받았습니다. 채워지지 않는 탐욕을 갈구하기보다 자연과 화해하고 외로운 이웃을 보듬는 패러다임으로 전환하여야 합니다. 교수신문이 적확한 쟁점을 끌어내고 해결책을 제시하는 토론의 장이 되어주길 기대합니다.

전국국공립대학교수회연합회 41개 회원교 18,000 교수님들과 함께 교수신문의 무궁한 발전을 기원합니다.

감사합니다.

41

'한국 국립대학의 길을 묻는다'의 서문

　대학은 학문적 진리의 추구와 교육을 통한 지식의 전파를 통해 인류의 문화 발전에 기여하는 사회의 중추적 기관이다. 그러나 과연 이러한 대학의 가치와 이념이 지금도 대한민국의 대학을 떠받들고 있다고 할 수 있을까? 대학의 정신은 이제 뜬구름과 같이 잡히지 않는 허무한 이상으로 치부되고 있다. 이는 한국 대학이 산업자본과 정치권력의 도구적 존재로 전락하며 발생한 현상이다. 신자유주의적 자본주의의 이념을 대학에 접목하려 했던 국가 권력의 의도는 대학에서 이상과 가치를 앗아갔다. 파행적 대학 운영의 가장 큰 피해자는 대학 교육의 주체인 교수와 학생이다.

대학의 위기, 다시 대학다워질 수 있는가?

2019년 우리는 "다시 대학의 미래를 이야기하는 것이 가능이나 할까?" 반문하게 된다. 교육부는 2010년부터 급속한 입학자원 감소에 대비한다며 대학구조 조정을 주도했다. 교육부의 대학구조조정이 '입학정원 감축, 지역균형발전, 대학경쟁력 제고, 고등교육의 질적 향상 등'에 대해 그 어느 것도 성과를 내지 못했음은 주지의 사실이다. 유감스럽게도 교육부는 정책 실패의 반성도 없이 대학 스스로가 적정수준으로 입학정원을 관리하라며 '2021년 대학기본역량진단 기본계획'을 발표하였다. 교육부가 강요한 고등교육정책을 아무런 비판도 없이 수용하고 권력에 부역하였기에 대학의 책임도 가볍다고 할 수 없다.

국립대학의 현실은?

영국의 정치철학자 에드먼드 버크가 경고한 "Those who don't know history are doomed to repeat it."를 되새겨 볼 필요가 있다. 지난 2010년 교육부는 서울대와 인천대의 법인화와 총장 및 학장 직선제 폐지, 그리고 교원의 보수체계를 호봉제에서 상호약탈식 성과급적 연봉제로의 전환을 골자로 하는 '국립대학 선진화 방안'을 발표하였다. 그러나 이 '국립대학 선진화 방안'은 실질적인 '국립대학 황폐화 방안'이었다. 교육부는 2012년에 '2단계 국립대학 선진화 방안'을 시행하면서 '국립대학 선진화 방안'을 강행하였다. 국립대학교 교수회는 어려운 여건 속에서도 '국립대학 선진화 방안'을 저지하기 위해 총력을 기울였으나 역부족이었다. '국립대학 선진화 방안' 시행 후 10년이 흐른 지금 국립대는 어떤 상황에 직면해 있는가? 국립대의 급속한 경쟁력 약화는 각종 지표로 분명히 드러나고 있다. 이 정책은 교수들을 한 푼의 성과급이라도 더 받기 위해 각종 업적 평가에 매몰되는 존재로 내몰았다. 교수들은 서로가 서로의 경쟁자가 되었고 이 속에서 교수 사회는 파편화 되었다. 이제 국립대의 경쟁력 하락은 막을 수 없는 것처럼 보인다.

이미 대학사회가 지성인이 아닌 무력한 지식노동자로 전락하였는지도 모르겠다. 대학은 만들어 나가는 것이다. 행동하지 않는 교수들이 자초한 국립대학의 자화상에 자괴감을 느낄 뿐이다.

법국가(Rechtsstaat)가 국립대학을 설치하는 근거가 되는 국립대학법도 갖추지 못하고 있다. 국회는 대학에도 형식적 민주주의를 도입하고 대학평의원회 구성과 총장선출 과정에서 학생과 직원에게 교수와 동등한 수준의 참여권을 부여해야 한다며 고등교육법과 교육공무원법을 마구잡이로 뜯어고치려 한다. 교수들도 '갑질, 폴리페서, 비리의 온상, 기득권의 최고봉'이라는 오명에서 자유롭지 않다. 이제 대학이 바뀌어야 한다. 교수들이 다시 나서야 할 때이다. 부당한 교육부의 정책에 맞서야 하고 대학의 혁신을 위해 두 손을 걷어붙여야 한다.

국립대가 바로서야 한다.

어디서부터 문제를 풀어나가야 할지 막막하다. 대학 문제는 '공교육 정상화, 서열화, 부익부 빈익빈, 지역 균형발전, 비리, 미래 비전 부재, 인구구조'와 같은 사회적 이슈와 불가분의 관계에 있다. 그래서 대학 문제는 우리 사회가 안고 있는 문제의 결정판이라고 한다. 대학이 스스로 대학의 가치에 대해 되돌아보고 대학다운 대학으로 거듭나기 위해 노력해야 한다. 바쁠수록 돌아가라는 말이 있다. 기본에 충실해야 한다. 더 이상 교육 관료나 얼치기들이 아니라 이제부터는 교육전문가가 정책을 입안해야 한다. 대학의 중심이자 시대를 선도하는 지식인으로서 우리 교수 사회가 학문과 대학의 가치를 지키기 위한 노력의 최전선에 서야 한다는 것은 너무나 당연하다. 이러한 거대 담론의 시작은 우리 내부 문제에 대한 반성에서 시작되어야 한다, 이는 과연 우리 대학, 특히 국립대학의 구성과 조직이 대학의 참가치를 올바르게 담아낼 수 있는가에 대한 고민이다.

이제 새로 시작하자!

새로운 대학 만들기를 위한 첫걸음을 내딛으며 전국국공립대학교수회연합회가 '한국 국립대학의 길을 묻는다'라는 제목의 저서를 발간하였다. 본 저서는 한국 국립대학의 현주소를 살펴보고, 그 문제점을 지적하는 것을 통하여 국립대학이 나아갈 길을 모색하기 위하여 기획되었다. 그 첫 장에서는 국립대학의 지배구조가 어떠한 식으로 정착되어야 하는가의 문제점을 다루었다. 첫 번째 주제로 2019년 전반기의 국립대학을 혼란으로 몰아넣었던 대학평의원회의 문제점을 짚어보았다. 구체적으로 민주화의 과정과 함께 지난한 과정을 통해 정착되어 온 국립대학의 민주적 의사결정의 전통을 모두 뒤엎고, 대학의 자율성을 극도로 침해하며, 대학 교육에서의 교수의 주도권을 부정하는, 대학평의원회의 강요가 과연 바람직한가에 대해 질문을 던진다. 이를 통해 대학의 자율이 침해되는 그 어떠한 조치도 정당화될 수 없음을 강변한다. 다음으로 우리 사회에서 국립대학이 차지하는 역할과 그 위상을 살펴보고 고등교육의 공공성과 경쟁력을 높이기 위한 고등교육 재정의 문제를 살펴보았다. 이 글에서는 대학의 경쟁력, 특히 국립대학의 경쟁력이 곧 국가의 경쟁력임을 주장하며 대학 서열화, 수도권 집중, 지역

불균형 등의 문제를 해결하는 데에 국립대학의 경쟁력 확보가 열쇠가 될 수 있음을 설명하고 있다.

제II장에서는 국립대 교원의 보수체계에 대한 문제점을 살펴보고 그 대안을 제시하는 데에 초점을 두었다. 국립대학 교육과 연구의 질을 유지하는데 교원의 보수를 합리화시키는 것은 매우 중요한 일이다. 이는 또한 학문 후속세대를 형성하는 데에도 결정적인 역할을 하게 된다. 그럼에도 국립대 교수의 연봉은 동일 직급의 공무원보다 낮다. 또한 모든 공무원이 받는 각종 수당의 혜택에서도 제외되었다, 그럼에도 의과대학 교수의 연봉 등이 합산되고 수당과 개인적 부수입이 일정한 기준 없이 합산되어 있어 실제보다 부풀려진 교수의 급여 수준이 언론에 발표되었다. 다음으로 2011년 신입 교원으로부터 단계적으로 도입되었고 2015년부터는 전체 정년 보장 교원에게까지 전면 도입된 성과급적 연봉제의 경과와 반영 상황 등을 살펴보았다. 이 글에서는 성과급적 연봉제의 현황을 객관적으로 기술하면서 정책 당국이 성과급적 연봉제도에 대한 면밀한 검토와 보완을 통해 교원의 지위 향상과 자존감 회복에 나서 줄 것을 주문하고 있다.

제III장에서는 국립대학 재정위원회와 사무국장 제도의 문제점을 통해 국립대학 제도 개선의 필요성을 제기하고 있다. 대학의 예·결산이 합리적으로 이루어지기 위해서는 재정위원회 구성이 개선되어야 한다. 현재의 재정위원회는 예·결산에 대한 심의 및 의결권을 가지고 있지만 대학 본부가 수립한 예산안을 원안대로 통과시키는 형식적 기구로 전락했다. 따라서 국립대학의 재정위원회가 원래의 설치 목적에 맞게 자율적이고 독립적으로 운영되기 위해서는 그 구성에서부터 총장의 권한을 대폭 축소하고 대학 예산 편성의 당사자인 사무국장을 재정위원으로 임명하지 않는 과정을 통해 재정위원회의 역할과 기능을 명확하게 할 필요가 있다. 또한 유럽의 대학들처럼 국가의 간섭과 통제 없이 대학 구성원이 자율적으로 재정을 운영하는 시스템을 구축하여야 한다. 또한 이 장에서는 국립대학의 사무국장 제도가 정부의 대학 감시 및 통제의 주요 수단이 되고 있음을 적시하고 이 제도를 청산할 것을 주장한다.

제IV장에서는 국립대학법의 제정 필요성에 대한 논의와 공유형 네트워크 활성화를 통한 국립대 발전방안에 대해 논의한다. 이 글에서는 교육과 지식의 공공성이 확보되어야 사회문화의 발전이 가능한데 이를 위해서는 국립대학법의 입법이 필수적임을 강변하고 있다. 우리 헌법은 대학의 자율을 법으로 보장하도록 하고 있다. 그러나 이러한 헌법 가치를 구체화할 법률은 존재하지 않는다. 국립대학의 설립과 운영을 규율하는 법률이 없는 것이다. 국립대학의 공공성과 자율성을 규정하고 그에 따라 구성원의 법적 지위를 명확히 하기 위해서는 국공립대 간 기능별, 중점 분야별 특화 지원을 통해 국공립대 네트워크, 혁신 강소 대학 네트워크를 중장기적으로 구축할 것을 주장한다.

마지막으로 2019년 대학가를 뜨겁게 달군 강사법의 문제를 통해 한국 대학 교육의 현주소를 진단한다. 강사들의 처우를 개선하고 대학 교육의 질을 높이고자 시행된 강사법이 그 근본 취지와는 다르게 강사 대량해고, 대형강좌의 증설 및 전임교원의 시수 확대 등으로 인해 대학 교육 부실화 우려의 원인으로 전락하고 있다. 이 글에서는 강사법이 고등교육을 정상화시키고 대학다운 대학을 건설하는데 중요한 단초로 작동하기 위해서는 정부와 대학이 해야 할 일들을 제안하고 있다. 또한 시간강사를 교육의 주체이자 동료로서 받아들이는 데에 우리 전임교원들이 앞장서야 함을 주장하며 시간강사법이 우리 대학을 정상화하는 하나의 출발점이 될 수 있도록 대학의 구성원 모두가 노력해야 함을 강조한다.

대학을 통해 형성되는 학문의 발전과 지식의 전파는 경제 논리로서만 설명될 수 없는 사회적·시대적 가치를 포함한다. 본 저서의 출간이 대학 이념을 바로 세우고 국립대학이 대한민국 고등교육의 모법으로 우뚝 서는 데에 작은 밑거름이 될 것이라 기대해 본다.

「한국 국립대학의 길을 묻는다」의 서문

부록

국립대학 육성 방안 관련 논문

국가균형발전과 지방대학 육성

- 국립대학 육성 방안 -

이형철*

한국 고등교육은 1953년 한국전쟁 정전 이후 단시간에 세계에서 가장 가난했던 국가를 세계 경제 규모 10위의 선진국으로 진입시킨 발전 동력의 역할을 했다. 21세기 고도화된 지식기반 사회가 요구하는 인재 육성을 위해서는 고등교육 혁신의 필요성이 강조되고 있다. 한국 대학들은 2021년에 본격화된 학령인구 감소로 인한 대학미달 사태와 국제경쟁력 추락 그리고 지방대학 몰락이라는 도전에 직면해있다. 본 연구는 국내 대학의 위기 타개를 위한 현실적이고 실현 가능한 방안으로 국립대학 육성정책을 제안한다. '국립대학법 제정과 국립대학 예산확충, 국립대학 무상교육, 그리고 국립대학의 자율성 보장' 등과 같은 구체적인 정책 대안을 제시한다.

주제어 : 국립대학, 대학의 위기, 무상교육, 대학경쟁력

---

* 제1저자, 교신저자, 경북대학교 물리학과 교수, hcri@knu.ac.kr

◇ 논문접수일: 2021.05.25   ◇ 논문심사일: 2021.06.01
◇ 논문게재확정일: 2021.06.18

차 례

I. 서론
II. 현황분석
III. 고등교육 현황
IV. 국립대학 육성 방안
V. 결론

I. 서론

21세기 지식기반사회에서 국가경쟁력과 대학경쟁력은 불가분의 관계이다. 그림 1이 보여주는 바와 같이 2018년 IMD(국제 경영 개발 연구소, International Institute for Management Development)가 발간한 세계경쟁력 연감(World Competitiveness Yearbook)에 따르면 2011년 대한민국의 국가경쟁력과 대학경쟁력은 각각 22위와 39위였으나, 불과 7년이 지난 2018년의 국가경쟁력과 대학경쟁력은 29위와 49위로 추락하였다. 심지어 2019년 IMD 세계경쟁력 연감에 따르면 우리나라의 고등교육 경쟁력은 55위까지 추락하였다. 대학경쟁력이 국가경쟁력에 한참 못 미치고 또 경쟁력 약화가 심각하게 진행된다는 점을 유의해야 한다. IMD는 교육경쟁력을 교육여건과 교육성과로 나누어 평가한다. 교육여건 부문의 주요 평가지표는 '전임교원 1인당 학생 수, 전임교원 1인당 연구비, 학생 1인당 교육비' 등이고, 교육성과는 '전임교원 1인당 국제학술지 연구실적, 학생 중도 탈락 현황, 졸업생의 취업 현황'을 주로 평가한다. 교육경쟁력 평가지표의 대부분은 대학

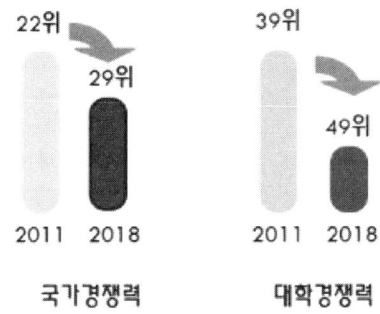

그림 1 2018년 IMD 세계경쟁력 연감 자료. 우리나라 대학경쟁력은 계속 하락하고 있으며 2019년에도 그 추세를 이어가고 있다.

예산과 직접적으로 연관되어 있다.

2006년 촉발된 반값 등록금 투쟁이 대학가를 휩쓸던 2009년에 한국장학재단이 출범하였다. 한국장학재단의 설립 이후 대학의 등록금은 실질적으로 동결되었다. 물가상승률과 경제성장률 등을 종합적으로 고려하면 대학의 재정은 10여 년째 계속 악화하고 있다. 대학의 열악한 재정 여건은 대학경쟁력의 약화뿐만 아니라, 대학이 교육부가 시행하는 각종 대학재정지원사업에 명운을 걸게 되는 부작용을 낳고 있다. 교육부에 종속된 대학은 그나마 유지하던 한 줌도 되지 않은 대학의 자율성과 다양성을 모두 잃어버리게 되었다.

한국전쟁 이후 최빈국이었던 한국이 세계 10대 경제 대국으로 성장하게 된 원동력으로 뜨거운 교육열과 풍부한 인적자원을 꼽을 수 있다. 선진국 대열로 도약한 한국의 위상을 공고히 하고 명실상부한 선도국가로 도약하기 위해서는 고등교육 경쟁력 강화가 절실히 요구된다. 'OECD 교육지표'의 (OECD, 2020) 고등교육 관련 통계를 살펴볼 필요가 있다. 우리나라 청년층(만25세~34세)의 고등교육 이수율(전문대학과 4년제 대학)은 69.8%로 OECD 평균인 45%에 비해 1.6배에 달하고,

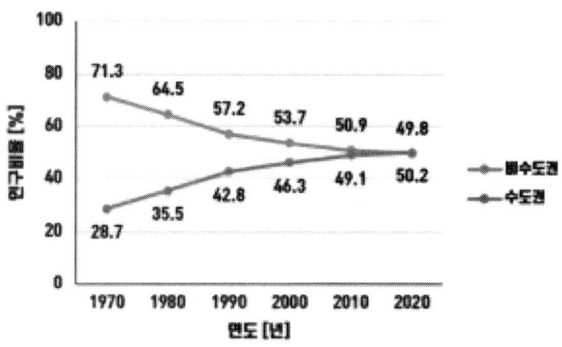

그림 2 심화하고 있는 수도권 인구 집중화. 2020년 수도권과 비수도권의 인구 비율은 50.2% : 49.8%이다.

이는 OECD 회원국 중 최고 수준이다. 하지만 이러한 양적 성장에 걸맞지 않게, 대학 졸업자의 과잉 배출과 수도권 중심의 대학 서열화 그리고 지속해서 하락하는 고등교육 경쟁력 등 고등교육의 질적 수준은 향상되지 않고 오히려 퇴보하고 있는 것이 현실이다.

1951년 68만 수준이었던 출생아 수는 급속히 증가하여 베이비 붐이 절정이었던 1960년에 108만 명에 정점에 도달한 이후 1971년까지 10여 년간 100만 명 수준을 꾸준히 유지하였다. 1960년대 중반부터 시작된 소위 "둘만 낳아 잘 기르자."라는 구호로 대변되는 저출산 장려 정책과 급속한 산업화 영향으로 출산율은 1960년 최고치를 달성한 후, 1981년에는 87만 명, 1991년에는 71만 명 그리고 2001년에는 55만 명으로 감소하였다. 급기야 2020년 신생아 수는 27만2천4백 명으로 떨어졌다. 세계 최고의 저출산 기조는 그 끝을 모르고 계속되고 있어, 한국을 유래를 찾아볼 수 없는 빠른 속도로 고령화 사회로 몰아가고 있다. OECD 회원국 중 고령인구 비중이 높은 일본, 이탈리아, 스페인 3개국들과 비교해보면, 우리나라의 고령화 속도는 가장 우려스럽다. 현재의 저출산 기조가 유지된다면 한국의 고령화 비율은 OECD 3위인 이탈리아를 조만간 제칠 것으로 예상된다. 고령화 국가의 사례에서 볼 수 있는 것처럼, 저출산으로 인한 인구감소는 국가경쟁력의 하락과 지속가능한 사회를 유지하는데 가장 큰 걸림돌로 작용한다.

저출산 문제와 함께 21세기 한국을 관통하는 또 하나의 핵심 과제로 지방의 몰락을 꼽을 수 있다. 그림 2에서 볼 수 있는 것처럼 2020년에 이르러 비수도권과 수도권의 인구는 역전되어 수도권의 인구 비중이 50.2%가 되었다. 수도권 인구 집중 현상에서 주목해야 할 점은 지방에서 수도권으로 청년인구가 유출되는 문제이다. 수도권 집중화에 청년인구 유출이 더해져 비수도권은 점점 활력을 잃고 있고 머지않은 미래에 많은 지방 도시들이 소멸할 것으로 예측된다.

2021년 충격적인 정원 미달사태로 인한 대학의 위기가 본격화되었다. 지방대학은 "드디어 올 것이 오고 말았다. 올 줄은 알았지만 이렇게 치명적일 줄 몰랐다."라고 아우성이다. 학령인구감소로 인한 대학 미충원 사태는 일찍부터 예상되었고, 또 대처할 시간적 여유도 충분했다. 유치원·초중등학교는 이미 40년 전부터 저출산으로 인한 학령인구 감소의 영향을 체감하고 있다. 흥미롭게도 그동안 유치원·초중등학교의 재학생 감소를 교육의 위기로 인식하지 않았다. 오히려 재학생 수의 감소는 과밀학급 문제를 해소해주고 교육의 질을 향상하는 계기라고 받아들였다. 이렇게 학령인구 감소에 대처하는 방식이 유치원·초중등교육과 고등교육에서 극명하게 갈리고 있다.

본 연구는 대학 정원 미달사태와 한국 대학의 현실 그리고 고등교육의 정책의 문제점을 살펴보고, 대학을 위기에서 구할 수 있는 대책에 대해 논의한다. 단시간에 효율적이고 직접적 성과를 거둘 수 있을 것으로 예상되는 국립대학 육성정책을 최우선 과제로 제안한다.

Ⅱ. 현황분석

1. 교육부의 정책 실패

저출산에 따른 학령인구감소의 영향을 본격적으로 체감하고 있다. 2021학년도에는 대학미달사태가 심각해질 것이라고 충분히 예견할 수 있었다. 2021학년도 입학생들은 2002년생들이며, 2002년 출생아 수가 492,111명이라는 사실을 통계청 자료를 통해 정확히 알고 있었다. 정부와 교육부는 학령인구 감소와 대학미달 사태에 대비하기 위해 1998년~2002년에 '국립대학구조조정계획', 2003년~2008년 '대학구조개혁', 2010년~2014년 '정부재정지원 제한대학' 등의 정책들을 잇달아 내놓았다. 2015년에는 대학을 5등급으로 나누어, 기준에 미흡한 대학에는 강제적인 정원 감축과 재정지원을 제한하는 '대학 구조개혁 평가'를 실시하였다. 교육부는 이를 통해 2018년까지 대학 정원을 2만 4천명 감축하는 것을 목표로 내세웠고, 소위 1주기 구조조정을 통해 4만

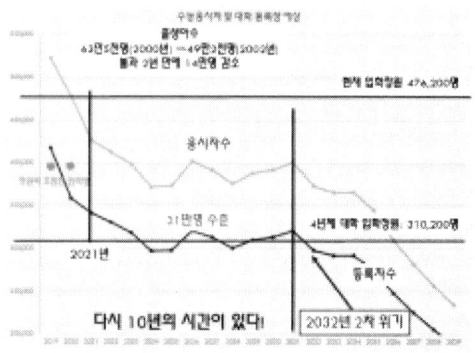

그림 3 수능응시자와 신입생 등록생 예상치. 2021년이 대학 미달사태의 끝이 아니다. 2031년 이후 2차의 위기가 도래한다.

7천 명의 정원을 감축하였다. 수도권 소재 대학의 대부분은 상위그룹에 속하는 A와 B등급 대학으로 분류되면서 구조조정대상에서 벗어날 수 있었고, 상대적으로 열악한 상황에 놓여있던 지방대학이 정원 감축의 직격탄을 맞았다. 지방 사립대학이 1차 구조조정 결과에 대해 반발하였다. 이에 교육부는 한발 물러나, 2018년에 시행된 '2주기 대학구조개혁 평가'를 '대학기본역량진단'으로 이름을 바꾸어 진행했다. 대학기본역량진단 결과에 따라, 교육부는 하위 40% 내외의 대학에 2021년까지 정원을 1만 명 감축하라고 권고를 하였다.

 1주기와 2주기 대학 구조개혁 평가를 통한 인위적인 대학 정원 감축 규모는 학령인구 감소를 해결하기에는 턱없이 부족한 수준이었다. 결과적으로 대학정원 감축을 통한 구조조정과 지방대학의 폐교를 막아 지방을 보호한다는 두 마리의 토끼를 모두 놓쳐버리는 개혁방안이었다. 교육부는 '2021년 대학 기본역량 진단' 계획을 발표하면서 대학의 적정규모화와 교육의 질 제고 지원이라는 목적과 기능을 제시하였다. 대학미달사태가 본격화되는 2021학년도부터 정원 감축을 강제하는 것은 의미가 없다고 판단하여 정원 감축 권고를 없앴다. 교육부는 구조조정을 통한 대학미달 사태를 해결하겠다는 정책이 실패했음을 자인하고 백기 투항하는 모양새다. 그런데 2021년 대학미달사태를 접하고는 대학의 구조조정은 더는 미룰 수 없는 현안이 되었음을 우리 모두 실감했다. 최근 교육부는 느닷없이 대학 정원을 줄이기로 결정하였다. 전국을 5개 권역별로 나누어, 권역별 유지충원율을 충족하지 못한 하위 30~50% 대학은 학생 선발 규모를 줄여야 한다. 만약 대학이 이에 응하지 않으면 정부 재정지원을 중단한다. 교육부는 재정난이 심각한 곳을 이른바 '한계대학'으로 규정하고, 만약 회생이 불가능하다고 판단하면 폐교를 명령하기로 하였다. 교육부가 몇 년도 내다보지 못하고 갈팡질

팡 정책을 남발하면서 혼란을 가중시키고 있다.

그림 3에서 유의할 점은 학령인구의 감소가 2031년을 기점으로 2차 위기에 돌입한다는 것이다. 대학 입시와 고등교육 정책은 입안에서 시행까지 상당 기간이 요구되는 특성을 고려할 때, 2021년에 본격화된 당면한 정원 미달사태의 해결책을 찾는 것은 현실적으로 불가능하다. 하지만 2031년부터 시작되는 2차 위기에 대응하기 위해서는 실효성 있는 근본적인 대책의 마련은 가능하다. 이제 다시 10년이라는 시간이 주어졌다. 하지만 10년이라는 시간은 대학 정책을 근본적 수준에서 재검토하고 대안을 제시하기 위해 충분하지 않다. 교육부는 대학 정원을 조정하고 대학 퇴출이라는 소극적 정책에 안주하지 않고, 대학의 체질을 근본적으로 바꾸기 위해 고등교육에 과감히 투자해서 우리나라 고등교육 경쟁력을 국제적 수준으로 끌어올리는 범국가적인 정책을 조속히 수립해야 한다.

2. 반값 등록금제와 한국장학재단의 폐해

2009년 한국장학재단은 폭등하는 대학등록금을 잡고 반값 등록금제를 실시하겠다는 목표로 출범하였다. 하지만 한국장학재단의 출범과 때를 맞추어 국내 대학들은 만성적 재정 압박을 받기 시작하였다. 최근 10여 년간 대학등록금은 동결되었고, 심지어 2022년부터는 대학입학금도 전면 폐지된다[1].

한국 사립대학 재정의 등록금 의존도는 절대적이다. 대학설립의 법

---

1) 교육부는 2022년까지 대학입학금을 전면 폐지하기로 결정했다. 입학금 폐지로 손실되는 대학 재정은 국가장학금으로 지원해 주기로 했다. 대학입학금은 폐지되는 것이 아니라 입학금을 국가에서 대신 내주는 꼴이 되었다.

적 주체인 법인이 부담하는 재정적 책임은 미미한 수준이다. 2018년 사립대학교 법인이 부담하는 법인전입금은 교비회계의 3.7%에 불과하다(대학연구소 통계 DB, 2019; 김효은, 2020). 대부분 사립대학은 교비회계의 54%를 차지하는 등록금과 23%의 국고 보조금으로 운영하고 있다. 사립대학의 재정은 등록금과 정부의 재정지원으로 충당한다. 등록금의 많은 부분을 국가장학금 형태로 국가가 부담하고 있어 사립대학 재정의 상당 부분을 국가가 책임지고 있는 셈이다. 국가가 설립한 국립대학의 경우에는 정부지원금의 의존도가 당연히 더 높다.

유·초중등학교가 학령인구 감소의 여파에서 자유로울 수 있었던 이유는 교육 재정을 국가가 책임지는 공교육 시스템에서 찾을 수 있을 것이다. 2021년도부터 모든 고등학교에서 전 학년을 대상으로 무상교육이 실시되었다. 학교설립 주체를 불문하고 공립학교뿐만 아니라 사립학교의 예산까지 국가가 부담하고 있다. 한국도 유·초중등학교의 재정을 국가가 책임지고 있고 또 많은 유럽국가에서 고등교육을 무상으로 제공하고 있다는 사례를 고려하면, 고등교육 재정을 국가가 책임지는 것이 원칙적으로 불가능하지 않다. 하지만 일부 사학의 경우이지만 각종 사학비리가 도사리고 있다. 사립대학의 재정 운용이 투명하지 않고 지배구조가 비민주적인 것이 또한 현실이다. 부실 사립대학에까지 대규모의 국고를 투입하자는 주장이 국민적 공감대를 형성하기가 쉽지 않다. 하지만 사립대학이 처해있는 재정 압박을 감안하면, 등록금 인상과 정부 재정 투입까지 배제하지 않는 지원책을 고민해야 할 시점이 되었다.

정부지원금 확대 문제는 재정지원사업의 폐해를 지적할 때 별도로 논의하기로 하고, 여기서는 등록금 문제를 집중적으로 다루겠다. 고등교육법 제11조 ⑧항과 ⑨항은 "학부 평균등록금은 직전 3개 연도 평균소

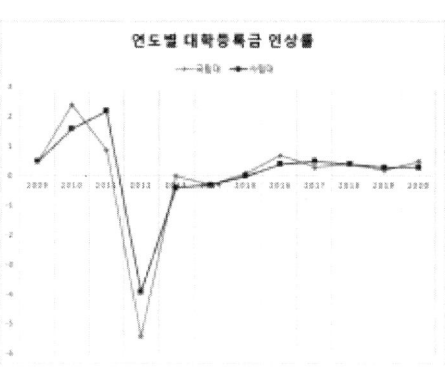

그림 4 2009-2020년 연도별 대학 등록금 인상률(교육부 자료)

비자 물가상승률의 1.5배를 초과하여 인상할 수 없다."고 정한다. 이러한 법령에 근거하여 교육부는 매년 12월 말경에 익년도 등록금 인상률 산정 방식을 공고한다. 대학은 등록금심의위원회를 거쳐 등록금 징수 금액을 정한 후, 교육부에 보고해야 한다. 실질적으로 교육부가 등록금 인상률을 관리한다. 이 대목에서 "왜 교육부가 고등교육법에 따라 대학의 등록금을 관리하는 기형적 구조를 가지게 되었는가?"하는 질문을 던질 수밖에 없다. 정부는 등록금이 폭등하는 위험을 관리할 수 있는 기제를 가지게 되고, 등록금 인상에 따른 정부 재정지출을 조절할 수 있다. 대학에 대한 신뢰가 낮은 상황에서 대학등록금이 매년 인상되는 것을 바라는 국민은 많지 않을 것이다. 정부 차원에서도 등록금 인상에 대한 저항이 클 수밖에 없다는 사실은 국가 예산 배정 과정을 살펴보면 쉽게 이해된다. 정부 예산은 9월에 개최되는 정기국회에서 확정되고 교육부 예산도 당연히 이에 포함된다. 교육부가 배정하는 예산으로 운영되는 한국장학재단의 예산도 12월이면 확정된다. 교육부가 등록금 인상률을 관리하지 않으면, 한국장학재단의 예산 규모에 문제가 생기게 된다. 만약 한국장학재단에 배정한 예산을 초과하는 수준으로 등록금이 인상된다면, 정상적인 장학금 지급이 불가능하게 된다. 등록금이 인상되면 한국장학재단이 지급하는 장학금의 규모도 연동하여 증가하기 때문이다. 이러한 이유에서 교육부는 자신이 책정한 한국장학재단의 예산 범위를 초과하는 수준의 등록금 인상을 용인할 수 없다. 그림 4에 잘 나타나 있는 것과 같이 2009년부터 2020년까지 12년간 대학등록금은 실질적으로 동결되었다. 교육부가 등록금 인상률을 얼마나 잘 관리했고, 그 결과 한국장학재단의 예산 운용이 가능했는지를 살펴볼 수 있다.

2020년 교육부 예산을 기준으로 하면, 국가장학금은 약 4조2천 억원 규모(한국장학재단 출연금 2천억원과 맞춤형국가장학금 4조원)로 교육부의 고등교육 예산의 약 40%에 달한다 (교육부, 2020). 4조 원이라는 막대한 정부 재원을 쏟아부으면서도 교육부는 국가장학금의 교육성과를 평가할 수 없다. 정부의 재정으로 학생들에게 장학금을 지급하고 대학이 등록금으로 납부받는 형식이기 때문에, 대학이 등록금으로 받은 국가장학금도 대학 자체 예산으로 집행한다. 국가는 사립대학의 예산의 사용용도와 교육성과를 평가할 수 없다. 단지 '대학 기본역량 진단'을 통해 국가장학금 지급을 제한하는 대학을 선정할 수 있을 뿐이다. 4조 원이란 막대한 세금이 투입되는데 성과 관리가 제대로 될 수 없는 구조이다. 한국장학재단이 지난 10여 년간 지원한 40조 규모의 세금이 고등교육 경쟁력 향상에 도움이 되었다는 뚜렷한 지표를 찾아볼 수 없다. 오히려 국가장학금이 부실 대학의 연명에 기여했고, 그 결과 대학의 구조조정은 더욱 어렵게 되었다는 평가도 있다. 지금이라도 국가장학제도를 근본적으로 재검토할 필요가 있다. 대학생들에게 등록금 부담을 경감시키는 동시에 고등교육의 질적 제고를 도모할 수 있는 방법을 찾아야 한다.

학령인구 감소로 인한 대학 재학생 수의 감소는 국가장학금 수요로 이어지게 되어 국가장학금 예산에 여유가 생기게 된다. 우선적으로 잉여 국가장학금 예산으로 국립대학 무상교육의 재원으로 일부 활용할 수 있을 것이다. 또한 사립대학의 경우 공공성과 경쟁력을 갖춘 대학에 교부금 형식으로 직접 지원하는 제도의 도입을 검토할 수 있다.

마지막으로 소득분위 8분위에 속하는 가구의 대학생에게까지 국가장학금을 수여하는 것이 옳은지 고민해 볼 필요가 있다. 국민의 80%가 국가가 수여하는 장학생이 된다. 국민의 80%가 수혜자가 되는 정부정책은 잘못된 것이다. 당연히 국가장학금이 아니라 국민이 누려야 하는 권리가 되어야 한다.

3. 재정지원사업의 폐해

교육부는 10여 년째 이어지는 등록금 동결로 인해 대학 재정이 심각한 수준으로 어려워지고 있다는 사실을 인지하고 있다. 대학들이 부족한 예산을 확보하기 위해 교육부가 시행하는 각종 재정지원사업 수주에 무차별적으로 뛰어들고 있는 것이 현실이다. 교육부가 추진한 대표적인 재정지원사업으로는 'ACE사업, 산학협력선도대학(LINC)사업, 대학특성화(CK)사업, BK21사업, 산업수요연계 교육활성화선도대학(PRIME)사업, 인문학진흥사업, 국립대학육성사업, 대학혁신지원사업' 등을 꼽을 수 있다. 각각의 사업이 지향하는 목표는 뚜렷이 제시되지만, 재정지원사업의 기저에 대학정원감축과 대학구조조정이 연계되어 있음을 부인할 수 없다. 그 근거로 ACE, CORE, CK, PRIME 사업의 목적이 서로 다른데도 평가지표는 대학구조개혁 평가지표와 대부분 동일하다는 점을 들 수 있다.

재정지원사업의 지원비는 평가를 통해 차등적으로 지원한다. 교육부는 사업평가를 통해 재정지원 규모를 결정하는 방식으로 대학을 직·간접적으로 통제했음을 부인할 수 없다. 대학은 국고 보조금을 조금이라도 더 확보하기 위해 교육부의 정책에 순치되었고, 그로 인해 대학의 자율성은 점차 잠식되고 정체성은 훼손되었다. 대학은 자신들이 추구하는 교육이념이나 대학이 처한 현실과 무관하게 재정지원사업을 수주하기 위해 총력을 기울였다.

대표적인 재정지원사업의 하나였던 '산업연계 교육활성화 선도대학 사업인 프라임(PRIME) 사업'을 예로들어 재정지원사업의 폐해를 살펴보기로 하겠다. 프라임 사업은 대학의 구조조정을 지원하는 사업이다. 교육부가 2016년부터 2018년까지 3년간 시행한 프라임사업의 목적은 '사회변화와 산업 수요에 맞는 인력공급을 위해 대학의 학과 구조를 개편'하는 것이다. 교육부가 제시한 인력수급 계획에 따라 대학은 학생 정원을 이동하는 것이 핵심 내용이다. 프라임 사업에 선정된 대학들은 소위 미래 산업 변화에 따른 인력 수요를 감안하여 학과 구조조정을 단행하였다. 3년간의 사업 기한이 종료된 2018년 이후, 프라임 사업을 수주했던 대학들은 비정상적으로 비대해진 일부 학과의 처리 문제로 골머리를 썩고 있다. 또 프라임 사업이 대학의 교과과정까지 바꾸는 기현상까지 일어났다. 재정지원사업이라는 꼬리가 대학 교육의 본질이라는 몸통을 흔들어 버린 형국이다.

교육부도 기형적 재정지원사업의 운영이 대학의 체질을 약화시킨 요인으로 작용한다는 사실을 인식하고, 2019년부터 각종 재정지원사업을 3개 유형(국립대학, 일반재정지원, 특수목적지원), 4개 사업(국립대학육성, 대학혁신지원, LINC+, BK 21+)으로 재구조화하여 단순화시키기 시작하였다. 교육부가 재정지원사업을 재구조화하면서 "대학의 자율성을 최대로 보장하되, 성과협약(교육부와 대학 간 주요성과, 사업비 등을 포함한 협약 체결)으로 성과와 책임성을 담보하는 '선 자율, 후 책무' 방식의 사업을 추진할 계획"이라고 밝혔다. 하지만 이러한 재구조화 작업의 한계는 여전하다. 예를 들어 국립대학의 경우 비슷한 성격의 국립대학육성사업과 대학혁신지원사업을 수행하는데, 대학이 스스로 종합적인 계획을 수립하여 효율적인 사업수행을 할 수 있는 공간이 없다. 교육부가 재정지원사업의 재구조화를 추진했음에도 불구하고, 2020년 현재 고등교육 부문에서 대학교육 역량강화 프로그램과 학술연구 역량 프로그램 아래 17개 단위사업을 수행 중이다 (교육부, 2020). 나아가 교육부는 2020년 '지자체-대학 협력기반 지역혁신 사업(RIS)' 신설하여 3개 플랫폼을 선정하였고, 2021년에도 4개 플랫폼을 추가로 선정한다는 계획을 발표하였다. 재정지원사업을 단순화하겠다는 계획을 발표했음에도 불구하고 또 다른 신규 사업에 착수하였다. 그 끝이 어디인지 가늠하기 힘들게 재정지원사업을 계속 발굴하는 모습을 바라보며, "교육부가 스스로 시인한 재정지원사업의 폐해를 개선하려는 의지를 가지고 있는가?" 되묻지 않을 수 없다.

Ⅲ. 고등교육 현황

1. 국내 대학의 국가경쟁력

IMD의 세계경쟁력 연감에서 찾아볼 수 있는 것과 같이 우리나라 대학경쟁력이 추락하고 있다는 것은 주지의 사실이다. 그림 1에서 알아볼 수 있는 것과 같이 한국 대학의 국제경쟁력은 급락하는 추세이다.

영국 글로벌 대학 평가기관인 QS(Quacquarelli Symonds)의 자문위원장인 잉스는 2019년의 국내 대학의 국제경쟁력 평가 결과에 대해 "한국 대학의 순위 하락이 근본적인 경쟁력 약화에서 비롯되었을 가능성이 있기 때문에, 이러한 위기에 대한 국가적 우려를 해야 할 시점이라고 생각한다."라고 말했다(조선일보). 한국 대학은 경쟁력 강화 정책의 대부분은 양적 지표를 끌어 올리는 데에만 집중하고 질적 성장에는 소홀히 한 경향이 있다. 대학이 국제화를 추구한다고 하면서 영어강의와 외국인 교원 수를 늘려왔지만, 대학의 내실은 챙기지 못했다는 지적이 나온다. 심지어 "국제화를 표방하며 추진했던 정책들이 정작 대학의 국제경쟁력을 약화시켰다."라는 비판도 있다.

교육경쟁력 평가의 교육여건 지표는 전임교원 1인당 학생 수, 전임교원 1인당 연구비, 학생 1인당 교육비 등이다. 이들 지표는 대학의 재정여건과 직접적으로 관련되어 있다. 2012년 이후 계속되는 등록금 동결로 인해 국립과 사립대학들이 예외 없이 교육여건 개선은 꿈도 꿀 수 없고 그나마 현황을 유지하는 것조차 힘든 상황이다.

4차 산업혁명과 인공지능과 관련된 학문 분야기 21세기의 사회와 산업 혁신의 견인차가 될 것으로 인식된다. 하지만 우리 대학들은 이런 시대적 요구에 대응하기 어렵다. 대학 내부에서 그 원인을 찾을 수 있다. 정량적 업적평가에 시달리는 교수들은 자신의 연구업적 관리에 전념하고 있어, 교육은 아예 뒷전으로 밀려났다. 어려워진 취업 상황을 고려할 때, 학문 연구보다는 취업 준비에 몰입하는 학생들의 모습에는 애처로움이 묻어난다. 경직된 대학 입학정원 관리와 과도한 교육부의 규제 등 제도적인 유연성도 떨어진다. 이러한 대학의 현실 속에서 대학이 급변하는 사회적 수요에 부합하는 학사 구조의 혁신을 꾀한다는 것은 현실적으로 불가능하다. 이미 미국, 독일, 중국 등 세계 주요 국가들은 새로운 산업구조에 대응하는 고급 인력 양성을 위해 대학에 투자를 집중하고 있다. 그러나 미래 사회 수요에 대비하여 대학을 재편하기 위한 우리 정부의 지원은 미미한 편이다.

대학의 연구경쟁력을 향상시킨다는 목적으로 시행한 사업들도 살펴보자. 2008년 당시 교육과학기술부 주도로 연구경쟁력 향상을 도모하고 우수 신진 연구인력 양성을 위해 '세계 수준의 연구중심대학 육성사업(World Class University, 약칭 WCU)'이 도입되었다. WCU 사업은 국외의 석학들을 국내로 초청하여 국내 학문 수준의 향상을 추구하였다. 하지만 일부 초청 석학은 기대 수준을 충족하지 못했거나, 유치 계획한 학자가 오지 않거나 유치 학자가 다른 학자로 대체되기도 하고 학자가 사업단에서 탈퇴하는 상황도 벌어지는 등 사업수행 과정에서 많은 문제점이 드러났다. WCU 사업은 글로벌 대학 육성을 목표로 하고 있었지만, 연구실적, 해외학자와의 교류, 대학원 중심 지원을 지향하는 정책이라는 점에서 BK21 사업과의 중복성 문제가 대두되었다(유현숙, 2012).

1999년 세계적 수준의 대학원 육성과 우수한 연구인력 양성을 위해 석사, 박사과정생 및 신진연구인력(박사후 연구원 및 계약교수)을 집중적으로 지원하기 위해 시행된 고등교육 인력양성 사업인 BK21이 시행되었다. BK21은 연구력 강화나 연구인력확보, 우수대학원의 육성 그리고 국가균형발전 등의 효과를 내는 것을 목표로 하고 있다. 하지만 BK21은 평가를 통해 선정된 대학에 지원이 편중됨으로 인해 BK21 사업에 참여하는 소수의 대학을 제외한 나머지 대학의 대학원은 상대적으로 위축되는 결과를 낳았다. 예를 들어 자연과학의 가장 기초가 되는 학문인 물리학 분야에서는 서울소재 4개 대학, KAIST, 포항공대 그리고 지방소재 3개 대학만을 지원대상으로 선정하였다. 극히 소수의 대학원만을 선별해 지원하는 사업 형태로 인해 BK 21사업을 수행하는 대학과 사업을 수행하지 못하는 대학의 대학원 격차는 더 벌어졌다. 세계적 수준의 대학원 육성과 우수 연구인력 양성을 목표로 설정하고 있는 BK 21사업이 수월성을 앞세워 소수의 대학원을 선택적으로 지원함으로 인해 학문 생태계를 파괴하고 있지 않은지 되물어볼 필요가 있다. 학문의 수도권 집중을 막고 국가균형발전 차원에서도 각 광역자치단체가 연구중심 대학을 적어도 한 개 이상 보유하는 것이 최소한의 요건일 것이다. 하지만 현재 진행 중인 BK 21 사업은 극소수의 대학원을 제외한 나머지 대학원을 고사시키고 있다. 지방대학의 대학원 위기는 더 이상을 손 놓고 구경만 할 수 없을 정도로 심각하다. 지방대학이 학업에 전념하는 전일제 대학원생을 충원하는 것은 매년 더 어려워지고 있다. 신진연구자를 배출하지 못하는 대학이 학문을 연구하는 연구중심 대학이 될 수 없다. 연구 능력을 상실한 지방대학만이 살아남은 지방의 모습을 상상하는 것은 끔찍하다. 지방대학 육성을 논의하면서 대학원 지원 방안을 마련하는 것은 너무나 당연하다.

2. 수도권-지방대학의 불균형

균형 발전의 모범 사례로 연방공화국인 독일을 꼽을 수 있다. 독일 종합대학(Universitaet)의 수준은 대체로 평준화되어 있지만, 최근 독일은 대학경쟁력을 제고하고 수월성 연구를 장려하기 위해 2006년부터 우수대학을 선정하여 지원하고 있다. 그림 5 (a)에서 볼 수 있는 것과 같이 2019년부터 2026년까지 계속되는 사업기간 동안 '우수대학육성정책(German Universities Excellence Initiative)' 사업에 참여하는 대학(30여 개)이 전국적으로 골고루 분포되어 있다. 물론 독일에서는

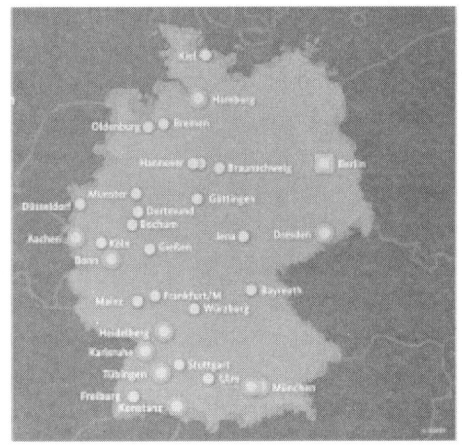

(a)

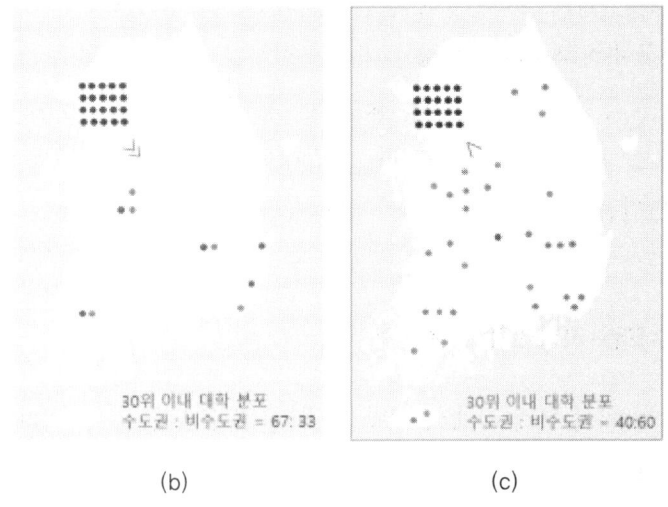

(b)   (c)

그림 5 (a) 독일의 'German Universities Excellence Initiative' 사업 참여 대학(30여개)의 분포. (b) 2019년 중앙일보 평가 30위권 이내 대학의 소재지. 수도권 20개 대학과 비수도권 10개 대학. (c) 지역 균형 발전 차원에서 30위권 대학의 분포를 수도권과 비수도권으로 나누어 육성하면 독일의 경우와 같이 전국적으로 균형적인 분포를 보인다.

우수대학육성정책에 대해 비판적 의견이 제기되고 있다. 우선 근소한 차이로 우수대학에 선정되지 못한 대학의 지원이 줄어들어 결국 독일 대학 전체의 발전에 저해한다는 의견이 있다. 또한 우수대학 선정 평가 지표가 주로 연구 성과에 편중되다 보니 대학들이 연구 성과 도출에 매진하게 되어 결국 교육에 소홀하게 된다는 우려도 있다. 마지막으로 대학들이 5년 정도의 단기적 성과에 매몰되어 대학이 장기 발전을 도모하기 어렵게 만든다는 견해도 있다. 이러한 비판적 시각을 주목해볼 필요가 있다. 그럼에도 독일의 우수대학육성정책은 독일 대학의 국제 경쟁력 제고를 위한 중요한 정책 수단으로 판단되고 있다.

그림 5 (b)는 2019년 중앙일보가 실시한 대학평가 결과 30위권 이내에 속하는 대학의 소재지를 표시했다. 수도권에 20개 대학이 위치하고, 나머지 10개 대학이 비수도권 소재 대학이다. 수도권과 비수도권의 인구 비율이 약 50:50이지만 경쟁력을 갖춘 대학의 2/3가 수도권 대학이라는 점에서 수도권과 지방대학의 경쟁력 차이가 분명하게 드러난다. 지방 소재 10개 대학을 조금 자세히 들여다보면, 5개 국가거점국립대학을 제외한 나머지 5개 대학은 한국과학기술원(KAIST), 광주과학기술원(GIST), 대구경북과학기술원(DGIST), 울산과학기술원(UNIST)와 포항공과대학(POSTECH)다. 소위 과학기술원(IST 대학) 4개와 POSTECH의 재학생을 모두 합하면 21,865명인 반면, 거점국립대인 경북대학교의 재학생 수는 38,383이다(대학알리미 자료 2019). 재학생 수를 기준으로 하면 5개 대학(4개 과학기술원, 포항공대)은 경북대학교의 규모에도 한참 못 미친다. 재학생 규모로 환산하면 30위권 대학 중에서 수도권에 소재하는 대학이 20개이고 지방 소재 대학은 6개에 불과한 셈이다. 인구 비중에 기초하면 50:50으로 분포가 되어야 할 것이다. 국가균형차원에서 지방대학을 육성한다면, 최소한 30위권 이

내 경쟁력을 갖춘 대학의 60%를 지역에 육성할 필요가 있다. 그림 5 (c)는 30위권 대학의 분포를 수도권과 비수도권으로 나누어 40:60 수준으로 육성하면 독일의 경우와 같이 전국적으로 균형적인 분포를 보인다. 그림 5 (c)와 같은 중점육성 대학의 분포가 될 때, 비로써 국가균형발전을 논할 수 있을 것이다. 수도권과 지방의 불균형을 논의하면서 간과하지 말아야 할 점은 지방 광역도시와 중소도시 간의 불균형이다. 이를 해소하기 위해 중소도시에 위치하는 대학 지원 정책도 반드시 필요하다.

표 1 학생 1인당 공교육비 지출액.
(학생 1인당 공교육비 지출액 = {(교육기관 직접 지출비) / 학생수} / PPP)

구 분	초등교육	중등교육	고등교육
한국($)	11,029	12,370	10,486
OECD 평균($)	8,470	9,968	15,556
OECD 평균 대비 비율 (%)	130.2	124.1	67.4

3. 고등교육 예산 현황

본교육여건을 결정짓는 가장 중요한 요인으로 교육예산을 꼽을 수 있다. 소위 8:2 구조로 불리는 과도한 사립대학의 비율이 고등교육 예산확충에 큰 걸림돌로 작용한다. 이미 언급한 바와 같이 국내 사립대학의 학교 예산은 대부분 등록금에 의존한다. 2009년 이후 등록금이 동결되었고 「법정부담전입금」은 기대할 수조차 없으니, 사립대학이 겪고 있는 예산 절벽은 쉽게 미루어 짐작할 수 있다. 그렇다고 국립대학의 상황도 녹록한 편이 아니다.

표 1은 교육부가 발표한 2016년 회계연도 기준 GDP 대비 학생 1인당 공교육 지출액이다 (교육부, 2019). 한국 초등학교와 중등교육기관의 학생 1인당 공교육 지출액을 PPP(구매력평가, purchasing power parity)로 환산하면 각각 $11,029과 $12,370이다. OECD(경제협력개발기구) 평균 초등학교와 중등교육기관의 학생 1인당 공교육 지출액은 각각 $8,470과 $9,968이다. 초등학교는 OECD 평균 대비 130.2% 그리고 중등교육은 124.1%이다. 한국이 경제 규모 세계 10위의 선진국으로 도약하는데 교육의 기여도는 절대적이었다. 국민이 교육의 중요성을 인식했고 또 교육에 지출하는 경비를 아끼지 말아야 한다는 믿음을 가지고 있었다. 정부도 공교육예산 확보를 위해 꾸준히 노력해온 결과 국내 초중등 교육여건은 선진국과도 어깨를 나란히 할 수 있다.

하지만 고등교육 예산을 들여다보면 완전히 딴판이다. 고등교육 부문의 학생 1인당 공교육 지출액은 $10,484로 OECD 평균인 $15,556의 67.4%에 불과하다. 초등교육 학생 1인당 공교육 지출액 대비 중등교육 지출액은 112.1% 증가하지만, 반면에 중등교육 지출액 대비 고등교육

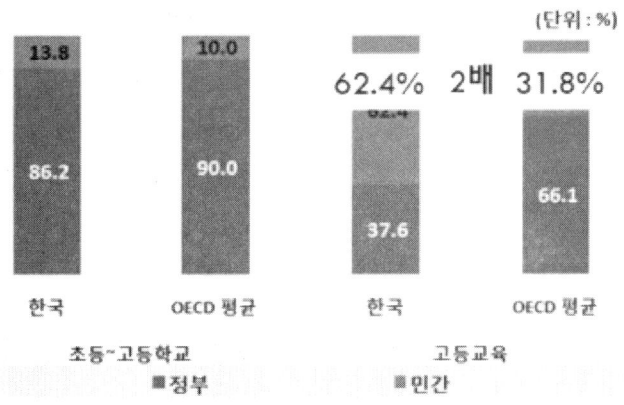

그림 6 교육비의 정부/민간 투자의 상대적 비율(2016년)

지출액은 84.8%로 감소한다. 한국의 고등교육 부문의 학생 1인당 공교육 지출액은 초등교육에도 못 미치는 실정이다. OECD 평균은 초등교육, 중등교육, 고등교육 순으로 자연스럽게 증가한다.

그림 6은 교육비의 정부/민간 투자의 상대적 비율을 보여준다. 초등학교에서 고등학교의 정부 투자 비율은 86.2%로 OECD 평균과 비교해도 양호하다. 하지만 고등교육의 경우에는 한국은 정부 투자 비율이 37.6%로 OECD 평균은 66.1% 대비 절반 수준이다. 2004년 중학교 무상교육 체계가 완성된 이후, 2019년 2학기부터 고3 학생을 대상으로 시작하여 2021학년도부터 고등학교 전 학년에 전면 무상교육을 실시하였다. 사립중학교의 비율은 20.0%이고 사립고등학교의 비율은 40.5%이다. 상당한 규모의 사립중학교와 사립고등학교가 운영되고 있지만, 고등학교 교육까지 소요되는 교육예산을 국가 재정으로 부담하고 있다. 한국 정부는 초중등교육을 공공분야로 끌여들였지만, 고등교육의 경우 민간이 주도하도록 방치하였다.

표 2 교사1 인당 학생 수

구 분	교사 1인당 학생 수		
	초등학교	중학교	고등학교
한 국	16.4	14.0	13.2
OECD 평균	15.2	13.3	13.4

표 3 교원 1인당 학생수 현황

유치원	초등학교	중학교	고등학교	전문대학	일반대학
11.4	14.2	11.8	10.1	35.7	23.4

표 4 「대학설립·운영 규정」에 따른 교원 산출 기준

계열별	인문·사회	자연과학	공학	예·체능	의학
교원1인당 학생수	25	20	20	20	8

4. 교원확보 현황

 본교원 확보 현황과 교육 여건의 수준을 파악할 수 있는 가장 중요한 지표는 교원 1인당 학생 수이다. 교원 1인당 학생 수는 재적 학생 수를 재직 교원 수로 나눈 값이다. 표 2로 초등학교, 중학교, 그리고 고등학교의 교사 1인당 학생 수와 OECD 평균을 비교해 볼 수 있다. 초·중등학교 교사 1인당 학생 수가 OECD 평균과 비교해서 유사하다. 표 3은 한국교육개발원의 「교육통계분석자료집」(한국교육개발원, 2019)의 자료에 근거하여 2020년 현재 유치원, 초등학교, 중학교, 고등학교, 전문대학, 그리고 일반대학의 교원 1인당 학생 수의 통계자료이다. 고등학교 교사 1인당 학생 수가 10.1명인 반면, 전문대학은 35.7명 그리고 일반대학은 23.4명으로 고등교육 기관의 교원확보율이 현저하게 낮다는 사실이 확연히 드러난다.

 전문대학과 일반대학이 포함되는 고등교육 기관 경우 재학생 수를 전임교원 수로 나눈 값으로 산출한다. 표 4는 '대학설립·운영 규정'에 따른 교원산출 기준이다. 인문·사회 계열의 법정 교원 1인당 학생 수는 25명이다. 자연계열, 공학, 예체능 계열의 경우에는 20명이고 의학계열은 8명이다. 재학생 수에는 학부 과정과 대학원 과정의 재학생 수를 포함하는데, 대학원의 경우 재학생의 1.5를 그리고 전문대학원의 경우 2배를 재학생 수로 인정한다(대학설립·운영 규정, 2019). 교원

1인당 학생 수의 수치가 낮을수록 교육여건이 좋은 것으로 판단할 수 있는데, 세계적인 대학평가기관들도 교육여건 평가의 세부 지표로 활용하고 있다. 대학평가 기관인 The(The Times Higher Education)가 "학생 대비 교수 비율이 낮을수록 학생들은 교수와 더 긴밀한 관계를 구축하고 과제 피드백을 더 빨리 받을 수 있으며 쌍방향 세미나와 토론에 참여할 수 있다."고 설명한다. '투명사회를 위한 정보공개센터'는 2014년의 서울지역 44개 대학의 교원 1인당 학생수는 평균 31.6명으로 OECD 평균인 15.6명의 두 배가 넘는다고 발표하였다. 국내 대학의 교원 1인당 학생 수가 세계 수준에 크게 못 미친다.

V. 국립대학 육성 방안

1. 국립대학 일반 현황

한국의 국립대학교는 총 37개교인데, 이 중에 6개교만 수도권에 소재하고 나머지 31개교는 지방 소재 대학이다. 37개 국립대학교에는 소위 9개 국가거점국립대학교와 지방 중소도시에 소재한 10개 국가중심대학교, 8개 특수목적대학, 그리고 10개 교육대학교가 속해있다. 학령인구가 지속되는 현실을 고려하면, 초등교원 양성을 목적으로 설립된 목적대학인 교육대학교의 현황을 파악하는 것은 매우 중요하다. 하지만 본 연구에서는 논지를 좁히기 위해 27개 일반국립대학교의 현황에 집중하기로 한다.

수도권 집중화로 대변되는 수도권과 비수도권 지역 사이의 불균형 현상은 인구 집중만이 아니라 소득, 취업, 예술, 학문 등 사회 전반에

QS 평가					
서울대	#36	Public	Very High	28,482	4,328
연세대	#107	Private	Very High	24,568	3,573
성균관대	#=100	Private	Very High	23,142	5,462
이화여대	#=319	Private	High	17,264	2,906
부산대	#201-510	Public	Very High	26,353	3,162
경북대	#451-300	Public	Very High	25,637	2,821
전남대	#651-700	Public	Very High	23,333	3,146

그림 7 2019년 QS 평가 결과 비교. 국립대학교의 연구 성과는 수도권 최상위권 대학과 비슷하거나 오히려 높은 수준이다.

걸쳐 심화하고 있다. 지방대학의 몰락은 수도권 집중화로 인한 비수도권의 몰락과 연계하여 파악해야 한다. 지방의 몰락과 지방대학의 황폐화를 주제로 하는 많은 연구가 제출되었다(이주호 외, 2003; 임승달 외, 2004; 정기오, 2003; 정영수, 2007; 백종국, 2010). 지방대학의 몰락에 국립대학교의 경쟁력 약화가 크게 기여했다는 점을 부인하기 힘들다. 대다수 국립대학교가 지방에 소재한다는 특성상, 수도권 집중으로 인한 비수도권의 쇠락은 국립대학교 경쟁력에도 영향을 미칠 수밖에 없다고 하더라도, 급격한 국립대학교의 경쟁력 약화는 매우 뼈아프다. 2019년 중앙일보가 실시한 대학평가 결과를 보면, 상위 30위권 대학에 수도권 대학이 20개나 포함되어 있고 5개 IST대학(KAIST, GIST, DGIST, UNIST, POSTECH)교와 함께 5개 국립대학교만이 이름을 올렸다. 각종 대학평가 결과가 공정한 대학평가를 담보할 수 없겠지만, 대학평가 결과에서 국립대학교의 명성은 이미 오래된 낡은 자료에서나 찾아볼 수 있다. 서울 소재 4개 주요 대학과 3개 국가거점국립대학교의 비교 분석하기로 한다. 그림 7은 2019년 QS가 서울 소재 4개 대학과 3개 거점국립대의 연구 성과를 평가 결과를 보여준다. QS 세계

	학생 1인당 교육비	전임교원 확보율 (편제정원기준)	전임교원 확보율 (재학생기준)	대학원 진학률
주요 사립 5개 대학	22,682	99.7	88.9	18.3
거점 국립대학 (9개교)	15,544	85.0	78.8	9.0
국가중심대학 (18개교)	12,396	74.2	74.3	5.5

그림 8 5개 사립대와 국립대학교인 9개 거점국립대와 18개 국가중심대학의 주요 교육 여건 지료 비교

순위는 서울대가 36위이고 3개 국립대가 500~700위 권에 머무르고 있지만, 연구성과 항목을 들여다보면 상황이 달라진다. 세계 순위 300위권인 이화여대를 제외한 6개교 모두 연구 성과가 '매우 높음'으로 평가되고 있어 연구력 부분의 경쟁력은 상대적으로 양호하다고 볼 수 있다.

그림 8은 5개 사립대와 국립대학교인 9개 거점국립대와 18개 국가중심대학의 주요 교육여건 자료를 비교 분석하였다. 학생 1인당 교육비는 수도권 5개 사립대학가 국가거점국립대학와 국가중심대학와 비교하여 각각 1.5배와 1.8배이다. 전임교원 확보율도 5개 사립대학의 경우 88.9%인 반면, 국가거점국립대학는 78.8%와 국가중심대학은 74.3%에 그치고 있다. 연구중심대학을 지향하는 대학의 최우선 과제는 대학원생의 확보일 것이다. 대학원생의 수도권 쏠림 현상도 두드러져, 5개 사립대가 국립대 대비 2배 이상의 대학원 진학률을 보인다.

수도권 소재 5개 사립대학과 27개 국립대학을 연구 성과와 교육여건 측면으로 나누어 분석하였다. 적어도 3개 국립대학의 연구 성과는 5개 주요 사립대학 대비 뒤떨어지지는 않는 반면, 교육여건은 열악한 수준이다. 따라서 지방국립대학의 경쟁력 약화의 가장 중요한 원인으로

국립대학 재정의 열악함과 지방몰락을 꼽을 수 있다.

2. 국립대학 예산 현황

2021년 교육부 예산은 76조 5천억 규모이다. 이중 고등교육예산은 11조 1천 5백억 원이고 고등교육 예산 중에서 2조 9천 2백억 원을 '국립대운영지원' 예산으로 배정했다. 국립대의 일반회계 예산(산단회계 제외)의 약 60%는 국립대운영지원비로 그리고 나머지 40%는 등록금에서 충당한다. 국립대 교육예산의 상당 부분이 국가 예산에 의존한다.

정부가 2017년 제시한 국정과제 52-1 '고등교육 공공성 및 경쟁력 강화'의 일환으로 교육부는 2018년부터 국립대학육성사업을 실시하였다. 국립대학육성사업의 추진 배경으로 '국가 균형 발전을 견인하는 국립대학의 역할 강화 요구 증대, 국립대학 교육·연구여건 등 개선을 위한 투자 약화, 국립대학의 공적 기능 강화를 위해 설립 목적 및 지역 여건 등 국립대학의 특성을 고려한 지원 확대 필요'을 제시하였다. 정부도 국립대학 육성의 필요성을 인식하고 또 약화되는 국립대학의 경쟁력을 제고하기 위해서 재정지원의 필요성을 인지하고 있다. 2021년 1천 5백 억 원 규모로 집행되는 국립대학육성사업은 열악한 국립대 예산 문제를 궁극적으로 해결해주지는 못하지만, 부족한 예산의 일부 보전해주는 긍정적 측면을 가지고 있다. 국립대학육성사업과 비슷한 성격의 대학혁신지원사업도 재정지원사업이라는 특성상 사업비를 대학이 자율적으로 편성하고 집행할 수 없다. 그 결과 비슷한 성격의 사업을 수행하는 과정에서 사업비의 중복 편성 등 다양한 문제점들이 드러나고 있어, 예산의 효율적 집행이 어려운 현실이다. 대학의 특성에 맞는 예산 집행이 가능하게 되려면 예산 편성권을 대학에

표 5 국가가 설립한 국립대학교와 서울대 그리고 과학기술원의 교육비와 장학금 지급 비율

대학교	입학 정원 (명)	학생1인당 교육비 (천원)	학생1인당 교육비 비율(%)	학생1인당 장학금 (천원)	연평균 등록금 (천원)	장학금/ 등록금 비율(%)
경북대학교	5,078	17,300.9	97	2,661	4,500.6	59
부산대학교	4,516	19,203.9	108	2,840.8	4,462	64
전남대학교	3,466	16,782.6	94	2,591.2	4,167.1	62
서울대학교	3,378	48,247.9	272	3,180.70	6,011.8	53
KAIST	722	71,964.8	405	7,078.3	6,866	103
GIST	196	75,039.9	422	5,912.8	2,060	287
UNIST	378	57,188.9	322	5,869.7	6,167.2	95
DGIST	231	95,189.4	535	2,925.4	1,750	167

돌려주는 것이 옳다.

표 5에 나타나 있는 바와 같이 국가가 설립한 국립대학교과 서울대학교 그리고 4개 과학기술원의 교육비와 장학금 규모를 비교해보면 국립대학의 재정 여건이 얼마나 어려운지 한눈에 파악할 수 있다. 학생 1인당 교육비는 3개 거점대의 경우 평균 1천 8백만 원 수준에 그친 반면, 서울대는 4천 8백만 원 그리고 과학기술원의 경우 약 7천만 원에 달한다. 거점국립대의 교육비는 서울대 대비 36.8% 그리고 과학기술원 대비 23.7에 불과하다. 국립대의 예산 증액이 절실하다는 점이 분명히 드러난다. 4개 과학기술원 학생의 1인당 장학금은 연평균 등록금을 초과하는 수준이고, 따라서 이들 대학은 실질적인 무상교육을 실시하고 있다.

3. 국립대학 육성 방안

 고등교육 경쟁력을 제고하고 학령인구 감소로 인한 대학의 위기에 대처하고 국가균형발전을 도모하기 위해 사용할 수 있는 효과적이고 실현 가능한 정책수단으로 국립대학육성을 꼽을 수 있다. 국립대학은 국가가 설립하고 운영하는 고등교육이므로 국가 재정으로 국립대학을 지원하는 것은 당연하다. 그리고 수도권 소재 6개 국립대학을 제외한 대다수 국립대학은 비수도권에 소재하고 있어 국립대학의 경쟁력이 강화되면 지방대학의 경쟁력 제고와 학생들을 지방대학으로 유인하는 효과를 거둘 수 있다. 국립대학의 교수단체인 전국국공립대학교수연합회(이하 국교련으로 약칭)와 전국국공립대학교수노조(이하 국교조로 약칭)는 국립대학 육성을 위한 방안을 마련하여 의사결정권을 가진 국회와 교육부에 다양한 방식으로 제안하고 있다.

 본 연구는 아래와 같이 시급한 4대 국립대학 육성방안을 제안한다.

1) 국립대학법 제정

 국립대학의 설립 및 운영을 규율하는 법령으로는 대통령령인 '국립학교 설치령'과 '한국방송통신대학교 설치령'이 있다. 반면 국립대학법인의 운영 관련 법령은 '국립대학법인 서울대학교 설립·운영에 관한 법률', '국립대학법인 인천대학교 설립·운영에 관한 법률', '한국과학기술원법', '광주과학기술원법', '대구경북과학기술원법', '울산과학기술원법'등이 있다. 법인 운영되는 서울대와 인천대 그리고 4개 과학기술원은 법령에 의해 설립되고 운영된다. 정작 국가가 직접 설립하고 운영하는 국립대학의 경우 관련 법률의 제정이 미비한 상태이다. 국립대학 설립의 법적 근거가 없다 보니 국립대학은 '정부조직법상 교육부

소속의 단순 교육 행정 집행기관'에 불과하다. 국교련과 국교조는 국립대학법 제정을 목표로 일련의 활동을 진행하였다. 2016년부터 정책포럼을 4회 개최하였고 '국립대학법 기초위원회'를 설치하여 의견수렴 절차를 거쳤다. 국교련은 국립대학법(안)을 국회에 제출하였고 입법청원 절차를 거쳐 국회에서 논의 중이다.

지방대학 소멸을 우려하는 현실을 감안하면 향후 지방의 고등교육은 국립대를 중심으로 이루어져야 한다는 공감대가 형성되고 있다. 이러한 여건을 고려하여 2021년 교육부도 지방국립대학을 지원하기 위해서는 법적 지위 확보가 필수적이라고 인식하고 '국립대학법'의 제정을 추진하고 있다. 국립대학의 설립과 운영의 법적 근거를 확보하기 위해 '국립대학법'의 입법이 절실히 요구된다. 국립대학법의 입법은 국가의 품격을 올리고 미래교육을 준비하는데 필수적인 요소이다(임재홍, 2019).

2) 국립대학 예산 확충

국립대학이 지방 고등교육의 중추 역할을 담당하고 대학 경쟁력을 제고하는 견인차가 되기 위해서는 서울대학교 수준의 예산 지원이 요구된다. 서울대학교를 국립대학에 비해 특별지원하여야 할 근거도 없고, 국립대학이 서울대학교에 비해 차별받아야 할 이유도 없다. 투자 없이 성과를 기대할 수 없다. 2021년 서울대학교를 지원하는 출연 지원금은 5천 1백억 원으로 (교육부, 2021), 서울대학교와 비슷한 규모의 국립대학 지원 규모의 3배 수준에 달한다. 국립대학교에 서울대학교 수준의 재정지원을 하기 위해서는 2021년 현재 3조원 규모인 '국립대운영지원비'를 9조 규모로 증액시켜야 한다. 단계적으로 국립대학 예산을 확충하는 방안을 강구해야 할 것이다. 수도권 대학과 비교하여 경쟁력의 비교 우위를 점하는 국립대학의 육성이 대학생을 지방으로 유치하는 중요한 기제이다. 이를 위해서는 국립대학법의 틀 속에서 국가의 재정 책임을 명시하거나 '국립대학교 재정교부금법'의 제정을 추진하여야 할 것이다.

3) 국립대학 무상교육

국교련은 2019년 국가균형발전을 도모하고 고등교육경쟁력 제고하기 위한 방안으로 국립대학교 무상교육을 제안하였다. 4개 과학기술원은 이미 실질적인 무상교육을 실시하고 있어 국립대학의 무상교육을 반대할 아무런 근거도 없다. 국립대학 무상교육을 반대하는 대표적인 목소리는 무상교육을 실시하면 정부가 학교 운영을 위한 최소한의 기본 지원만을 부담하게 되기 때문에 교육의 질이 떨어질 것이고, 무상교육을 받는 학생들의 학습열이 낮아지게 될 것이라는 주장이다. 교육부가 고등학교 무상교육을 실시하면서 "의무·무상교육 완성 이후에도 교육의 질은 높은 수준을 유지하고 있다."고 밝히고 있다. 학습열과 관련하여 이미 무상교육을 실시하고 있는 4개 과학기술원이나 포항공과대학의 경우 학습열이 저하되었다는 어떤 증거도 찾을 수 없다.

국교련과 부산대학교 교수회는 국립대학 무상교육을 대학원까지 확대 적용하기 위한 소요 예산을 추계하여 발표한 바 있다(전국국공립대학교수회연합회, 2019). 국립대학의 경우 이미 등록금 총액의 50%를 국가장학금을 비롯한 각종 장학금의 형식으로 지원하고 있어, 등록금의 잔여 50%(자부담)만 추가로 마련하면 무상교육을 실시할 수 있다. 학부생을 대상으로 무상교육을 위해서는 3천 9백억 원의 추가 예산이 소요되고 대학원 무상교육을 위한 예산은 3천 3백억 원이 될 것이라고 추정했다. 향후 대학 입학생의 감소로 인해 국가장학금의 수요가 줄어들 것이고, 잉여 국가장학금 예산의 50%를 국립대학 무상교육에 투입할 경우에는 대규모 추가 예산 확보 없이도 국립대학 무상교육은 가능하다. 국교련은 다음과 같이 순차적으로 무상교육을 실시하는 계획을 수립하였다.

1차년도: 학부 4학년 및 대학원 1학년 무상교육 시행
2차년도: 학부 3, 4학년 및 대학원 전면(1학년, 2학년) 무상교육 실시
3차년도: 학부 2, 3, 4학년 및 대학원 전면 무상교육 실시
4차년도: 학부 및 대학원 전면 무상교육 실시

이와 같이 순차적으로 무상교육을 실시하고 매년 증가하는 입학생 감소율을 감안하면, 국가장학금 재원의 잉여금으로 활용한다고 가정하면 1천 억원 정도의 추가 예산만이 소요된다. 따라서 무상교육을 국립대학육성정책의 우선 사업으로 선정한다면 당장이라도 시행할 수 있다. 국립대학에 충분한 재정지원을 보장해 수도권 대학과 비교하여도 우수한 경쟁력을 갖춘 국립대학을 육성하고 나아가 국립대학 재학생에 무상교육을 시행한다면 된다. 이를 통해 상당 정도로 고등교육의 위기를 해소할 수 있을 것이다.

4) 제도 개선

국립대학 선진화 방안과 같이 정권 차원에서 주도한 국립대학 정책은 국립대학의 자율성을 과도하게 침해했고 국립대학의 경쟁력을 갉아먹는 요인으로 작용했다. 교육부가 2010년부터 국립대학에 강압한 총장직선제 폐지, 학장직선제 폐지, 상호약탈식 성과급적 연봉제, 교육연구학생지도비 도입, 국립대학의 회계설치 및 재정운영에관한 법률 등

국립대학의 자율성을 훼손한 사례는 일일이 나열하기조차 힘들다. 최근 이러한 교육부의 국립대학 정책 실패에 대한 책임을 물어야 한다는 목소리가 높아지고 있고, 심지어 교육부 폐지론까지 대두되고 있다. 교수와 학생의 학문공동체인 대학의 성장동력은 구성원들의 자발적 참여다.

국립대학도 제도 개선을 통한 자기 혁신을 추구해야 할 필요성이 있다. 지나치게 보수적인 대학운영 방식이 국립대학 경쟁력 하락의 원인으로 작용했음은 분명하다. 국립대학은 국가적 교육 수요에 부응하는 교육정책 수립을 해야 한다. 지방자치단체, 교육청과 연계하여 지역이 요구하는 인재를 길러내는 역할을 담당해야 한다. 국가거점국립대학과 국가중심대학은 사회적 수요에 부합하는 연구 및 교육 이념을 정립하고, 급감하는 학령인구를 감안하여 적절한 수준의 구조조정을 단행해야 할 필요가 있다. 대학차원의 구조조정뿐만 아니라, 학과도 연구중심의 역할을 담당할 것인지 아니면 교육중심의 역할을 수행할 것인지 결정해 교육 내용을 고쳐야 한다.

국가의 지원을 받는 국립대학을 종합적으로 평가하는 시스템을 도입할 필요가 있다. 또 총장에게 집중된 권한을 대학평의원회(교수회), 재정위원회, 교육연구위원회 등의 각종 위원회로 이양하여 대학 지배구조의 민주화를 추구하여야 한다. 또한 우수 교원 확보를 위해 교원의 처우를 개선할 필요가 있다[2].

---

2) 국립대학 종합평가 시스템과 우수교원 확보계획에 대해 국교조와 교육부가 논의를 시작하였다.

V. 결론

한국 고등교육은 학령인구 감소에 따른 미달사태와 그 결과로 인한 지방대학의 몰락이 현실화되었다. 또한 최근 10년간 계속되는 한국 대학의 급속한 국제경쟁력 하락이라는 심각한 도전에 직면해있다. 이미 오래전부터 예견된 한국 대학의 위기는 다분히 교육부의 정책 실패에 기인한다.

이미 30여 년 전부터 한국 초등·중등·고등학교는 저출산 기조로 인한 학령인구 감소를 체감하고 있었다. 대학 정원 미달사태가 본격화된 2021학년도 대학 신입생은 2010학년도에 초등학교에 입학했다. 하지만 2010년에는 초등학교의 위기를 이야기하지 않았다. 2010학년도의 초등학교 상황과 2021학년도 대학 상황이 극명하게 차이가 나는 이유는 어디에 있을까? 이 질문이 당면한 대학 위기를 탈출할 수 있는 한 가지 해법이 될 수 있다. 한국은 의무교육인 초등학교와 중학교뿐만 아니라 고등학교까지 필요한 교육예산을 전액을 국가가 부담한다. 그 결과 학령인구 감소로 인한 학생 수의 감소는 교육 재정의 축소가 아닌 공교육의 내실화와 교육 환경 개선의 기회로 활용할 수 있었다. 학생 수가 감소하는 상황에서도 국가 교육예산 규모는 계속 증가하였고, 학생 수의 감소는 교사 1인당 학생 수, 학생 1인당 교육비 등의 각종 교육여건을 개선하는 계기가 되었다.

한국 초·중등학교의 사례에서 볼 수 있듯이 고등교육 재정을 국가가 부담하면 대학의 위기 극복은 가능하다는 것을 확인할 수 있다. 하지만 고등교육 예산은 수익자부담 원칙에 따라 확보해야 하고, 과도한 사립대학의 비중과 일부 대학의 경우이지만 심각한 사학비리 등의 이유로 국가가 정부 예산을 사립대학에까지 세금을 투입할 수 없다는 주장도 있다. 이러한 주장은 상당히 설득력이 있다. 하지만 의무교육이 아닌 고등학교를 무상교육으로 운영하고 있다는 사실과 유럽의 많은 국가가 고등교육을 무상으로 제공하고 있는 사례에서 볼 수 있는 것처럼 한국도 국민적 합의가 도출된다면 고등교육 재정을 국가가 부담할 수 있다. 한국 중학교의 20%와 고등학교의 40%가 사립이라는 점을 감안하면, 과도한 사학의 비중과 비리 사학 때문에 대학교육예산을 세금으로 부담하는 것이 어렵다는 주장 역시 설득력이 부족하다. 문제는 고등교육에 대한 투자를 확대하겠다는 정부의 의지와 필요한 재원 마련이다.

한국 고등교육이 직면한 문제점은 이미 잘 알려져 있다. 고등교육 정책을 실패한 교육부가 또다시 기존의 방식대로 대학 개혁을 주도한다면, 성공 여부를 장담할 수 없다. 새 술은 새 부대에 담아야 한다는 말이 있다. 발상의 전환으로 완전히 새로운 대안을 제시해야 할 시점이다. 국가경쟁력의 핵심적 요인은 고등교육이다. 교육의 결승전은 고등교육이다. 하지만 한국 교육정책은 유치원·초·중등학교 위주로 입안되었다. 유치원·초·중등 교육 수준은 이미 OECD 평균을 훌쩍 넘은 수준으로 성장했다. 한국이 선진국의 입지를 다진 21세기 교육의 핵심을 고등교육 쪽으로 옮겨야 한다. 대학 문제를 해결하는 것은 사회 전반의 문제 해결만큼이나 복잡하고 어렵다. 대학 문제를 해결하면 많은 사회문제가 연계되어 해결된다. 수도권 과밀화, 지방몰락, 대학 서열화, 차별 사회 등의 문제가 바로 그것이다. 자동화와 인공지능 등의 기술 발전으로 인한 인간이 소외되는 사회의 도래와 같은 문제도 대학의 개혁으로 해결될 수 있다.

한국 대학의 문제를 해결하기 위해서는 무엇보다도 예산 확보가 시급하다. 본 연구에서는 위기의 대학을 구하는 방안의 하나로 정부가 예산을 즉각적으로 투입할 수 있는 국립대학 육성정책을 제안하였다. 국립대학의 예산을 서울대학교 수준으로 지원해 국립대학의 경쟁력을 수도권 주요 대학 수준으로 향상하고, 국립대학의 무상교육을 실현하는 방안을 제시하였다.

이를 위해서는 국립대학의 설립·운영의 법적 근거가 되는 국립대학법의 제정이 시급하다. 교육부는 국립대학을 단순 교육 행정 집행기관으로 취급해 지도·감독해오던 기존의 방식을 버려야 한다. 총장직선제 폐지, 학장직선제 폐지, 상호약탈식 성과급적 연봉제, 사무국장 파견제 등 실패한 국립대학 정책을 일일이 나열하기조차 힘들다. 교수와 학생의 학문공동체인 대학은 자율성이 보장될 때 그 역할을 제대로 수행할 수 있다. 교육부는 과감히 대학의 자치를 인정하고, 간접부서로서 대학 교육을 지원하는 역할에 만족해야 한다. 지방에 소재하고 있는 대다수의 국립대학을 육성하는 것이 대학의 경쟁력 강화와 국가균형발전으로 나아가는 첫걸음이 될 것이다.

참고 문헌

[학술논문 및 발표문]

김효은. (2020). 「코로나19로 돌아보는 사립대학 재정, 문제점과 개선방안」, 2020년 7월 23일 국회에서 개최된 토론회 발제문.

백종국. (2010). 「학문의 수도권 집중과 지방대학의 황폐화」. 역사비평, 158-184.

이주호, 김선웅, 김승보. (2003). 「한국 대학의 서열과 경쟁」, 경제학연구 51권 2호.

정기오. (2003). 「지방대학위기 현상과 원인 지방균형발전정책의 담론분석을 위한 시론」, 한국교육30권 2호.

[보고서 및 단행본]

교육부. (2019). 「OECD 교육지표 2019」 결과 발표」.

교육부. (2020). 「2020년도 세입·세출 예산 각목명세서」, 1288~1324쪽.

교육부. (2020). 「2020년도 세입·세출 예산 각목명세서」, 86~119쪽.

「대학설립·운영 규정」. (2019).

교육부. (2021). 「2021년도 교유부 소관 예산 및 기금운용계획 개요」.

대학연구소 통계 DB. (2019).

유현숙. (2012). 「세계수준의 연구중심대학(WCU) 육성사업의 성과와 과제」, 한국교육개발원 2012 Position Paper, 제9권 제20-18호.

임승달, 권영섭, 변세일. (2004).「국가균형발전을 위한 지방대학 육성방안」, 국토연구원 연구보고서, 국토연 2004-10.

임재홍. (2019).「국립대학법의 제정 필요성」, 한국 국립대학의 길을 묻는다, 전국국공립대학교수회연합회.

전국국공립대학교수회연합회. (2019).「국립대학교 무상교육 소요 예산 추계」.

정영수. (2007).「국가균형발전을 위한 지방교육 활성화 방안」, 한국교육개발원 연구보고 RR-2007-6.

한국교육개발원. (2019).「교육통계분석자료집」.

OECD. (2020). OECD 교육지표(Education at a Glance).

[Web site 및 기사자료]

대학알리마 자료. (2019). https://www.academyinfo.go.kr/index.do, 검색일자: 2021년 4월 8일.

조선일보 https://www.chosun.com/site/data/html_dir/2019/11/27/2019112700097.html, 검색일자: 2021년 4월 8일.

Abstract

Fostering regional universities and balanced national development
-National university promotion plan-

H.-C. Ri

Korea's higher education served as the driving force for the development of the world's poorest nation into the world's 10th largest economy in a short period after the armistice of the Korean War in 1953. The need for innovation in higher education is being emphasized to foster human resources demanded by an advanced knowledge-based society in the 21st century. Korean universities face challenges of underachieving universities, falling international competitiveness, and the collapse of local universities due to a full-fledged decline in the school-age population in 2021. This study proposes a policy to foster national universities as a realistic and feasible way to tackle the crisis in Korean universities. Specific policy alternatives such as the enactment of the National University Act, the expansion of the budget for national universities, free education for national universities, and the guarantee of autonomy for national universities are proposed.

Key words: Higher Education Crisis, Falling international competitiveness, National university fostering plan, Free education for national universities National University Act

산책하며 나눈 세상 이야기

초판 인쇄 | 2024년 1월 10일
초판 발행 | 2024년 1월 15일

지은이 | 이 형 철
펴낸이 | 조 승 식
펴낸곳 | (주)도서출판 북스힐

등 록 | 1998년 7월 28일 제22-457호
주 소 | 서울시 강북구 한천로 153길 17
전 화 | (02) 994-0071
팩 스 | (02) 994-0073

홈페이지 | www.bookshill.com
이메일 | bookshill@bookshill.com

정가 15,000원

ISBN 979-11-5971-564-8

Published by Books Hill, Inc. Printed in Korea.
Copyright ⓒ Books Hill, Inc. All rights reserved.
* 저작권법에 의해 보호를 받는 저작물이므로 무단 복제 및 무단 전재를 금합니다.
* 잘못된 책은 구입하신 서점에서 교환해 드립니다.